淮陰邢立堅耐寒著

邢耐寒先生詩文集

文史哲出版社印行

國家圖書館出版品預行編目資料

邢耐寒先生詩文集 / 邢立堅著. -- 初版 . -- 臺北
市：文史哲,民 90
面 ； 公分
ISBN 957-549-404-x (平裝)

1.

848.6 90022448

邢耐寒先生詩文集

著　者：邢　立　堅
出版者：文　史　哲　出　版　社
http://www.lapen.com.tw
登記證字號：行政院新聞局版臺業字五三三七號
發行人：彭　正　雄
發行所：文　史　哲　出　版　社
印刷者：文　史　哲　出　版　社
臺北市羅斯福路一段七十二巷四號
郵政劃撥帳號：一六一八〇一七五
電話886-2-23511028・傳真886-2-23965656

實價新臺幣三四〇元

中華民國九十年十二月初版

ISBN 957-549-404-x

復廬主人伉儷遺影

民國三十六年在常熟所攝之合家歡

邢耐寒先生詩文集總目

復廬詩草 目 次

翠竹樓襍詠卷五……六一

豐溪村居集卷七

凱音集卷十

酬世偶存卷十三

劫灰擴遺卷十四

采風話雨錄卷十五

復廬詩草序

何志浩

復廬少主邢祖援君，為其先翁邢立堅先生印行復廬詩草，屬序於余，其詩凡一十五卷，每卷末有祖援君註記此詩作於何地，成於何時，吟為何事，贈予何人，余一一詳讀，趣味雋永，饒有唐風，欽佩奚似。

先生世居淮陰，民初畢業於江蘇法政專門學校，參與革命，為同盟會會員。執行律師業務，法界稱賢。時司法制度，建立伊始，淮陰設立高等分院，先生為法校首居畢業生，為早期辯護士制度之創建人，對健全司法制度，保障人民權益，獻替良多。

抗戰前，先生應邀司法行政部服務。抗日軍興，赴武漢，任軍事委員會戰幹團祕書，旋調軍官學校祕書，繼任政治教官，講授法律學、國文等課程。勝利後，復員還都，在常熟及滬市仍業律師。晚年，回淮陰定居，所至輒有吟詠，為法界中之名詩人也。

先生早年詩文，因烽火散失，不可復得。抗戰甫起，先生由原籍渡洪澤湖，循淮河西上，間關入皖豫鄂，在皖境沿途作渡淮集，其後流離遷徙，每旅居一地，即以其居處而名詩集，如漢皐客唱也，翠竹樓雜詠也，象湖寄語也，豐溪村居集也，閩北紀行也，皆在戰火中之寫作也。與先生以「如此江山」一詞自題於詩草之首曰：「清笳幾聲破曙，問衡陽旅雁，歸思何處。風雨懷人，江山弔古，儘有劫痕無數。憑誰訴與，便收拾吟囊，寫將詩句，試過雷門，一聲聲布鼓。」其哀時感懷，蓋可知矣。

先生之詩，舉其特點：一曰自然，二曰實境，三曰縝密。唐司空圖論詩品，其言自然者曰：「俯拾即是，不取諸鄰。俱道適往，著手回春」。其言實境者曰：「取語甚直，計思匪淺。忽逢幽人，如見道心。」其言縝密者曰：「是有真跡，如不可知。意象欲生，造化已奇。」先生之詩，品斯高矣。

昔人評魏武帝詩，如幽燕老將，氣韻沉雄，若先生渡淮集及閩北紀行諸詩有也。陶淵明詩，如絳雲在霄，舒卷自如，若先生山居吟之詩有也。

王右丞詩，如秋水芙蓉，倚風自笑，若先生逍遙吟之詩有也。蘇東坡詩，如屈注天潢，倒連滄海，若先生凱音集之詩有也。

祖援君撰復廬詩草付梓後記曰：「觀其作品，無論詠史、詠人、詠事、詠物，甚至唱和酬應，要皆顯示其光明磊落、正心誠意之至性；至若思鄉、懷友、勗勵後進，則又流露其仁厚純樸、感情豐富之至情也。」信哉言矣。回環雒誦，悠然神往，緬懷高風，曷其有既。是為序。中華民國七十五年一月八日　於中國文化大學

第一部

復廬詩草

淮陰邢丕堅耐寒著

復盧詩草題詞

如此江山

廿年多少閒情緒，前塵那堪回顧。北渚煙嵐，南園月舫，清却芳華如許。花飛似雨，一片韶光，等閒辜負。子夜偎燈，戍樓寂寂渾無語。

清笳幾聲破曙，問衡陽旅雁，歸思何處。風雨懷人，江山弔古，儘有刦痕無數。憑誰訴與，便收拾吟囊，寫將詩句。試過雷門，一聲聲布鼓。註一

渡淮集卷一　註二

淮陰邢立堅耐寒著

皖行襍詩

一天曉色動悲笳，水玉扁舟共一家，郭外又傳風鶴警，相教蜷伏靜無譁。與外甥孚春，湖堤避警。

邐迤運口載奔馳，汗雨塵風滿鬢絲，記得去年遊興健，玲瓏翠閣水仙祠。重遊惠濟祠。

水次何期遇故人，野航擁坐若生春，黃昏燈火臨河市，鷄黍盤飧為浣塵。途遇某君，聯舟道故，暮投順河集，承召飲甚歡。

紛陳萬有看人忙，一曲湖堧魚未鄉，幾日隨緣成小住，鷄聲荒館話聯牀。宿村店。

烽火西侵不可留，且隨估船溯淮流，邗江一角關全局，除却離鄉計未周。

夜闌人語動危疑，排闥喧呼幾責詞，堪笑巨靈舒一掌，前何倨傲後何卑。戍卒徵役，入舟慢客，白以故致歛而去。

水部風流佳麗多，幾番惜別阻煙波，却教坐誤風帆利，水驛山程喚奈何。艤舟水次，遲某邑宰不至，鬨為諸艦所厄。

孤篷向晚入湖隈，一望空濛雪浪堆，漫道菰蒲容寄隱，南天鶩影雁飛迴。泊高良澗夜中。

澒洞洪濤萬頃空，侵晨好趁一帆風，丹山莫遂登臨約，禹井長留想像中。老子山孤懸湖中，傳為老聃煉丹竈，有禹井諸勝，未及一遊。

浪底傾舟犯急湍，舟人失色客心寒，推衾更覺風濤惡，安得開胸縱大觀。乘風渡洪澤，舟幾覆，客皆蒙被偃臥，有頃起，怵然而止。

泗山暮色晚蒼蒼，拍拍征鴻下野塘，零落笳聲湖市近，亂峰幾疊是都梁。望盱眙。

閃閃星芒照水流，屢傳伏莽使人愁，明朝又到花園嘴，逢底無聲學楚囚。花園嘴多盜，夜不敢息。

一片殘零蕭市頭，石尤幾日阻征舟，生憎無米饑臣朔，破帽殘衫過泗州。阻風旬日，不得成行。

龍亢集晚泊

幾灣曲瀨河流碧，一帶叢林落木疏，獨客偎雲歸渡晚，群鵝浴日釀霜餘。滕侯霸業留荒塚，桓相勳名贖故居，明日又銜煙水去，茫茫家國總愁余。

移村集

疲牛任重下南場，處處風吹羊肉香，想見當年風俗厚，嵯峨留得幾崇坊。

蒙城莊子廟題壁

飄搖塔影點波光，此是南華舊隱鄉，聖哲寓言常八九，神仙事蹟總虛茫。一泓止水知魚樂，萬里遼天任鳥翔，展仰遺型增悵惘，北風鼙角幾迴腸。

渦陽旅次

陂陀衣帶水，大澤走龍蛇。北魏存巖邑，東蒙此舊家。龍山分遠色，雁集落平沙。寒月窺人白，鄉心入曙笳。

張村鋪道中

雙輪南駛趁冬晴，一徑寒流尚有聲。茁茁牛羊村落近，團團樹木曉烟平。逢人漸覺鄉音遠，遯世偏憎里曲名。若教光潢聊可寄，何妨千里賦長征。

李官橋關廟明松

荒祠冷落隱孤村，偃蓋虬松綠到門。漫篆蝸牛涎舊壁，窺人鼯鼠入頹垣。黃沙茆店嗟行役，翠羽潛菴憶故園。聞得安禪常卓錫，獨留龍象話靈根。吾邑西郊潛菴，亦有明松，此松傳為高僧植杖而生。

曉發潁州

空濛渾一氣，曉色最清泠。霜樹黏花白，眉峰染黛青。小橋通野徑，孤鶴破煙冥。行過西淝水，朝曦上遠坰。

家書

角城東望路漫漫，寄到家書下筆難。多少艱危那可說，客中惟有報平安。

宿三河尖

千里故鄉迴，三河此地分。迎眸山疊疊，入耳水沄沄。暮靄凝煙合，殘陽煉凍雲。敢嫌村釀薄，聊以取微醺。

寒夜枯坐 註三

潁川南馳百二里，入暮皇皇靡所止。三五人家繞上蹬，茆店有堂不盈咫。逆旅愛客事殷勤，西鄰假館安行李。竹爐濁酒慰憊塵勞，煖體充腸勝八簋。西鄰居停氏榮陽，却喜將書寄猶子。阜陽蕃藻之宗兄寓書，潘伯岩乃主人從子。安排草薦催客眠，苦茗清言共一几。忽聞揭戶聲喧豗，人語馬嘶轟耳底。弛戈解甲滿堂前，眾口紛呶呼客起。本來離亂等蟲沙，偶然露處亦常理。居停無語心轉悲，促客冷竈侶犬豕。但求一夕避風霜遑計，煙塵與塊壘。栗栗凌寒體欲冰，蜷伏無溫相依倚。村雞嚳寒夜半啼，征衫淚濕雞聲裡。起視星稀曙色微，宵吾車兮轉吾軌。曉笳未動客渡河，踏碎霜華向固始。

蓼壽吟卷二

淮陰邢立堅耐寒著

固陵客次除夕　註四

戍樓明積雪，向晚雙鳩飛。穀賤生機減，寒深酒力微。沙光野徑白，人語市梢稀。忽忽歲云暮，天涯胡不歸。

風雪固陵道，征車此暫停。飄蓬頭易白，高柳眼還青。濫跡蠶時臨，微吟寄性靈。故園梅已放，誰當此娉婷。

贈宗羨陶　名策，固始世家，工詩善畫，畫余假館二月。

雄據書城南面王，異人從古數光黃。十年作賦梁園近，萬里趨庭蜀道長。儘有閒情舒逸籟，還將餘墨寫幽香。一堂早具聯珠美，豈獨秋曹仰季方。　註五

元日寄懷天然 註六

朝朝策杖水雲邊，此境低回似散仙。折得嶺梅思遠道，却憶庭竹慰新年。燈前風雨一身寄，海內烽煙萬慮牽。眼見河山騰淑氣，歸來重訪米家船。

疊韻酬美閣

綺歲書名擬二王，藝林聲價重光潢。閒開園圃生機滿，餘家圖籍靜對琴尊逸興長。腕底詩同蘭蕙契，兒孫圍爐邊喜提菊花香。（讀詠白菊花詩三十首）寄身仁里春如海，何必蕭齋感異方。

三疊前韻寄友人

清議寧慚無冕王，雙擎白眼看天潢。春花醉月壺觴健，秋草橫，雲劍鋏長。六代江山蝴蝶瘦，九州風雨荔枝香。蕭騷短髮雄心在，海上何須却老方。

上元羡陶招飲却謝

梗寄依依滯固陵，客邊愁看上元燈。鳳城簫鼓添遐思，虎帳韜鈐卜復興。月入梅花清影瘦，煙浮竹葉晚香凝。郇公嘉召鑴心肌，況已春臺許共登。

贈鐵工

繽紛散落火花紅，俯仰因材智在胸。宇內愚雖雙劍厲，鼎中吐納一元工。有聲擲地文章價，不息周天鍛鍊功。何事宵來煎百慮，此心直欲與君同。

流亡

載道流亡棘眼頻，荒城榆柳不成春。側身海內知何許，我亦饑寒綫上人。

別姜陶

千里馳驅鋒鏑間，得棲廣厦展愁顏。蘭因素契三生幸，絮語紅泥五夜還。未許結茆容我隱，且留詩草待君删。相期早奏平戎曲，秋到江南共看山。

漢皋客唱卷三　註七

淮陰邢立堅耐寒著

羅山道中

盤谷縈迴九曲通，飈輪礮碎夕陽紅，時荒處處嚴風鶴，道遠紛紛逐野鴻。千里關河分楚魏，一天星斗入兵戎，江頭到眼春光滿，無限柔條綠柳叢。

題雨岑丈瘞鶴銘鶴洲拓本　註八

焦麓滋靈芬，雷門發天祕，悠悠千載下，孰與擴遺墜。緣天通辟支，獨啟上乘智，零紈千錘功，赫蹏充古媚。卓哉新城翁，鼎彝羅腹笥，摩挲萬里程，題遍瓊瑤字。江漢滯春陰，中原嘶胡騎，展卷幾沉吟，目斷江南寺。

次慕陽武昌見贈韻 註九

迢遙客路亂離時，吹遍風絲又雨絲，別後生涯君莫問，劍南情緒杜陵詩。
歲暮蓼城成小住，江干今日又棲遲，人從貧賤交情見，况是萍飄絮泊時。

春日與朗齋昭民遊蛇山南樓小羅浮岳王亭諸勝

縱目晴川散旅愁，蒼茫身世此登樓，千秋明月舒長嘯，三鎮雄風據上流。好固金甌存奧略，誰將玉笛擬羅浮，會當共飲黃龍酒，莫遣山靈笑白頭。 註一〇

入蜀不果復却卓如黔軍法曹之薦 註一一

飄零書劍滿天涯，到處棲遲便是家，未許舊巢容寄燕，却看野草亂開花。山深道阻吾安適，細雨斜風春又賒，生恐依違成伴食，那堪磨盾入星沙。

環兒由荊入蜀寄以慰勉　註一二

風雨征帆漢水湄，依依別緒落梅時，已憐巖峻荊門遠，況復艱屯蜀道馳。自分飄零為客早，莫教疏懶寄書遲，殊方異候烽煙急，愼爾興居慰我思。

憶故居　註一三

映戶晨曦舊隱廬，藤花搖曳紫羅裾，金鱗容與澄波活，翠羽啁啾景物舒。燈下攤書眠弱息，膝頭誦佛戀貍奴，此行不羨湖魚美，日日臨江憶故居。

四月六日天然生辰仍依前韻寄祝

頻歲栖栖客裡身，却因烽火誤芳辰，河山同祝千秋壽，鄉里欣餘一角春。方語音殊容辨解，館飧味薄只酸辛，耽吟莫笑謀生拙，囊有新詩未算貧。

讀民族詩壇呈騷心社長

蹉跎無計補時艱，江滸因循日日閒，振翼鷹揚看殺敵，同心雅集賦平蠻。南臺領袖綱維任，上將韜鈐河雒間，我昔采風公秉鐸，壯懷依舊鬢毛斑。

盾鼻閒吟卷四　註一四

淮陰邢立堅耐寒著

次石丹四十襍感韻

山齋鳥語散秋辰，遠樹嚶鳴倍可親，海內神交原有裏，吟邊俯拾不爲貧。迢遙吳楚三千里，辜負芳菲九十春，刼後殘碁爭一着，此身未許作閒人。

回首名場是畏途，干戈況復滯家書，飄零鴻爪知多少，謠諑蛾眉任有無。雨過嵐光資瀲灔，月和桐影逗清疏，蹉跎亦有年華感，却喜征衫總未污。

雪花風絮任推移，水驛山程自護持，別後舊遊縈繾綣，傳來鄉訊動危疑。偎紅勸酒何妨醉，潑墨添雲不厭癡，莫漫江頭忽搖落，相期努力惜明時。

雞林汲古心儀久，射水淮山應未遙，亂世文章同不偶，中
年哀樂百無聊。旌旗八月兵書急，風雨三湘客思勞，酒陣
詩壇饒逸興，知君還是舊時豪。

車走雷聲潑暮潮，湘江一瞥雨瀟瀟，滿懷磊落銷金扇，片
語機鋒快剪刀。萬壑松濤山氣靜，一天星斗陣雲高，遒宣
我亦慚清議，士習官風尚濫滔。

遼天一雁度秋來，枕畔難禁曉角哀，衰草久迷歐九宅，戰
雲深鎖楚王臺。涼宵蠟炬重重淚，綺歲風懷漸漸灰，遙念
黃花人亦瘦，應憐老圃帶霜開。

秋燈冬酒話南天，萍跡蘭因詎偶然，一向郡中推幕府，獨
輸城北典詩權。愁邊易觸興亡感，客裡偏驚物候先，江水
泠泠江月白，一般情緒總堪憐。
報到王師入故都，欲從劫後話三吳，南朝定有巢林燕，北
渚愁看浴日魚。劍外猶聞金縷曲，茗邊爭祀玉川盧，等閒
莫說滄桑事，恐有鮫人泣淚珠。
無端技巧競相誇，到處麒麟鬼滿車，華屋陰燐三月火，中
原魚鱉萬人家。傷心碧血肥秋草，暴骨蒼生嚵亂麻，群盜
縱橫天亦醉，那堪風雨弔蟲沙。
寥落秋懷太瘦生，學書學劍兩無成，澄衷觀水心同止，冷

眼看山意未平。信國千秋存氣節，杜陵諸將感紛更，有人獨愛楓林晚，荳蔻紅簫養性情。

題家書後

鄉音梗葧愁千疊，初展家書愁更多，四面寇氛三面水，田園寥落奈愁何。

中秋前一日斑玉招飲大陸酒樓

傑閣瓊樓分外明，偎闌一晌月華生，醇醪已醉丁坊酒，鼓角還開甲帳營。且騁清懷忘燕笑，更從異地見鄉情，殷勤寄語江頭水，漫向秋風訴不平。

疊韻戲贈嘯篁　註一五

射湖萬頃漾空明，藻思都從腕底生，月滿壺觴花共醉，香摩巢壘燕初營。茂陵秋雨非無意，蓮幕春風別有情，待到朝雲歸玉局，蘭閨可許展眉平。

車中

西風黃葉鬢毛斑，曙色依稀照玉顏，一向悲歡那可說，輕車已過萬松關。

夜警

幾番眠不得，風鶴警愁懷。依舊清光滿，如何此夕佳。雲囊穿露重，曳杖白雲儕，記得青溪曲，香塵六街。

偶成

漠漠秋雲逗曉風，水邊開遍木芙蓉，經年客緒無人寄，都付深紅淺綠中。

月夜登白雲山

中宵得得步南岡，小生溪頭意緒凉，四境蒼茫原草白，一年荏苒菊花黃。吟蛩啼徹林間月，旅雁驚回塞上霜，未許鄉心頻入夢，却教羌笛引清商。

次劍文抒悶和作韻

綺席華燈破暝煙，江城風景尚依然，飽經冷味凌霜雁，遥曳秋聲咽露蟬。百折未銷豪士氣，幾生贏得美人憐，龔槃高蹈靈簫老，空憶淮南三少年。

不信人嗟吾道窮，醉來一笑酒杯空，錦江秋色滚詩春，劍閣閒雲老放翁。西苑文星青鶴舞，中原輸軸碧鷄通，還期珍重屠龍手，好取長鯨靖海東。

長盧莫笑杞人憂，賸水殘山處處愁，宋代不亡文信國，漢家誰似武鄉侯。揚鞭高唱平戎曲，借箸無爲築室謀，筆硯那堪仍碌碌，書生今已負吳鈎。

雨嶂煙巒到眼奇，夜凉蛩語一燈知，白門小別長經歲，紅袖偏憐未合時。抗志漫吟閨裡月，攻心爭角劫中碁，滿林橘柚無多味，且誦平園感世詩。

次鏡明感懷韻　註一六

晴壘旌旗拂曉煙，一聲霜角破愁眠，楚材霞舉推清望，儒將風流抗昔賢。三徑黃花秋興健，滿林紅葉客心憐，江南別後無消息，依舊耽吟似去年。

夜飲大陸酒樓恒伯歸自屯溪雅興健談和翼漢韻

江城如畫裡，此夕且閒閒，高閣引尊滿，軍門決策還。綺禪閒妙諦，市語散空山，明月寒碪急，征鴻夜度關。註一七

天挺引范希文漁家傲詞燕然未勒歸無計句足成絕句率效其體

南天雲物饒珍異，秋雨秋風催看意，劍影雞聲五夜寒，燕然未勒歸無計。

次天挺中秋遣懷韻

湖海元龍百尺樓，還憐楚客獨悲秋，何時重泛溪頭月，兩岸蘆花一葉舟。

素月澄江萬里流，銜杯覓句慰離愁，年來空灑新亭淚，風雨難禁故國憂。

次野平見贈韻 註一八

已分空山麋鹿羣，十年悔却累休聞，破琴早慕剡溪節，擁盾同參吉水軍。煦煦惠風融祕監，盈盈朗月湛心君，行看英彥三千士，匡復神州共樹勳。

戲作

三上文章法乳傳，廬陵心得著歸田，從來腐臭神奇在，人海誰參矢橛禪。

送倚氏入蜀

蟠胸芒角鬱奇輝，抱璞空山識者希，疎放獨存平旦氣，翱翔應傍茂林飛。章江水潤添離緒，巫峽雲深上客衣，此去不須悲遠謫，還期努力惜芳菲。

海陵清望久知名，一雋疇人世已驚，欲以真誠酬素志，每從質直見平生。迢遙巴蜀同為客，惆悵荊襄正苦兵，鏡裡那堪雙鬢改，撫髀空自笑無成。

菊花十詠

佳友無端偎晚風，一天蕭瑟老霜叢，晴廊不少閒情緒，莫負盤根七月功。

寂寞山城繫客蹤，秋雲江上冷芙蓉，捲簾却憶人同渡，故國烽煙路幾重。

冷煙疏雨滿荒江，生就霜姿未肯降，今世莫逢陶令賞，空將瓦缶綴晴窗。

小園半畝枕河湄，月孕風莖各盡奇，散策不辭三徑遠，倚樓重認壁間詩。

雉水曾經卧草衣，頻年戰蹟尚依稀，園林一角浮金壓，獨立西風弔夕暉。

重陽已過雁來初，載得筠筐趁早墟，歲歲茈邨饒異種，今年花事復何如。

甕滿新醅蟹正腴，幾番蠟屐喜長俱，幽人宅畔寒侵袖，杜老秋來興不孤。

隋河楚堡角城西，十里風帆一望齊，曲徑香飄金餅熟，斜陽疎柳暮鴉啼。

分得秋光到客齋，一枝青玉入吟懷，相期珍重山林約，暫共蕭疏此亦佳。

瘦蕊層英傍水開，西風籬落獨徘徊，閒愁染得芳心醉，好擷清芬入酒杯。

除夕

一晌明朝歲月奔，海天人事尚紛然，静中滋味醇於酒，別後風懷淡似禪。擁卷圍爐聊可膏，偎燈聽雨不須眠，江村處處梅花早，取次春光到客邊。

贈趙仁甫大夫 註一九

朱方燈火舊通津，來謁都門此地頻，客裡驚傳枌社譽，酒邊喜揖杏林春。十年戎馬精神健，一望河山草木新，濟世好凴醫國手，三軍揚溢頌能仁。

次馨庵野興韻

宿雨新晴野色賒，放懷散策到天涯，金鈿翠袖無人見，留與春畦媚晚霞。
閒穿曲徑趁餘醺，徙倚松根剝果仁，一晌空山人語寂，溪頭頗憶武陵春。
清嘉風物似吾鄉，往事低徊九曲腸，春柳纔黃春水綠，湛亭誰識舊池塘。

次景雲襟興韻 註二。

潭龍吹雨劍光寒，虎帳傳更臥未安，百丈潮頭張鐵弩，不教滄海起波瀾。
柳拂旌旗日影斜，笳聲催放客中花，馬前一曲關山月，目斷荒城數點鴉。

江山終古對斜曛，春到江南已十分，脫却輕棉腰脚健，歸
來閒趁一溪雲。

次馨菴客窗偶成韻

眼底青山數點螺，虛窗疑翠漾簾波，輕風着意催楊柳，細
雨無心長薜蘿。

清夢無痕淡似煙，吟懷欲到閬風巔，滿天芳草仍為客，一
徑松篁已及肩。

感事疊韻

泛泛銀塘長細螺，幾回萍末起微波，楚天忽憶寒湖句，山
鬼爭妍戴女蘿。

嗚鳩喚雨馬嘶煙，迢遞關河雪滿巔，獨客醉吞滄海月，風塵到處有鳶肩。

臨別題照贈友人

頻年蹤跡感飄萍，寥落知交曙後星，客裡親情天亦妒，萬山風雨送征軿。

依舊蕭疎澹宕姿，相看還似燕譚時，無端更逐天涯遠，惆悵空山聽子規。

謝人送茶魚

紅爐活火試新泉，漠漠春寒二月天，何日西窗重剪燭，涼宵絮語破愁眠。

落落我軒久索居，河梁握別此須臾，殷勤勸我加餐飯，嘉味親貽鳳尾魚。

廬陵賦別　註二一

小住山城九月餘，風雲激盪又南圖，蜉蝣一抹詩俱瘦，鷺渚雙流畫不如。笑把桃花擬仙子，坐飄松粉話樵蘇，烽煙滿地牽離緒，况復停車更戒途。

翠竹樓襍咏卷五 註二二、二三

淮陰邢立堅耐寒著

葉村散步

岡頭叢樹綠參天，一晌松根木石緣，萬疊青山送行客。清溪無語水潺湲。

奉和遇援兒

幾日征程料峭寒，郵亭唯恐客衣單，隋堤烽火巴山雨，骨肉流離相見難。

水南村

扶疎眾綠幾人家，城堞臨流日影斜，漫向春風問消息，年年吹放水邊花。

泰和興國道中

曲徑峰迴路不迷，臥虹抱影落山谿，輕車一瞥穿林樾，時有幽禽三兩啼。

羣山合沓逞靈奇，百態千姿到眼宜，一路憑軒看不足，此中邱壑耐人思。

奔流激石響鳴泉，峯硧波心一帶延，不以園林羨紅紫，襍花幽谷自生妍。

行行十里總青山，冉冉雲生襟袖間，自笑風塵長僕僕，吟心暫取片時閒。

一春生計事西疇，隔水遙聞起牧謳，犁雨耕雲那可得，田園寥落思悠悠。

山前轉轂下平原，措堵煙銷認刧痕，此地至今餘戰跡，殘陽古戍欲黃昏。

興國旅次

兵燹餘生此孑遺，殘零城郭滿瘡痍，三年撫字推賢令，入境逢人聽口碑。

明沙淺水阻遙津，行到危梁慄慄頻，竹壩居然成巨族，城東人指隔河陳。

半畝山塘一鑑開，朱鱗浴日孕奇胎，記從蒙叟觀魚處，小立濠梁一笑來。

籠鵝載酒北山行，夾道松楸野哭聲，游子天涯歸不得，異鄉今日又清明。

出龍口

一葉落天際，奔湍似建瓴，濕雲噓氣象，怪石孕仙靈。雨歇沙頭白，風搖水面青，孤篷思更遠，泛泛過前汀。

南塘夜泊平明發江口

篛桴泊明渚，二月已清和，帆積仍衣樹，窒煙正賽歌。短棹搖客夢，初日浴金波，回看經行處，沙平人跡多。

次菁如縣長菊潭上舍酬唱元韻 註二四

雩山盤鬱貢江深，生息能移刦後心，第一嘉猷興寶藏，行看佛土遍黃金。

枕戈戡亂濟時才，綏靖功成午讌開，樂育更安絃誦地，欣欣桃李滿門栽。

三載棠陰日茂滋，政從簡約惜民脂，琴堂花木饒生意，一路蒼苔上碧墀。

冠冕虔州樂道餘，心鐫循吏誦安居，使君亦有耽吟興，聽取詩情入簿書。

雲陽鴈樓題壁

一角山樓枕曲塘，每從舊院話蕭梁，凭闌遙結煙霞契，開戶輕飄橘柚香。鳥跡蝸涎唐翰墨，荒坪斷瓦漢祠堂，古今多少興亡事，閣閣蛙聲鬧夕陽。

紛紛衷緒總辛酸，獨立空濛思萬端，迢遞長河愁入夢，漣漪春水靜生瀾。雙搖塔影江山瘦，十疊詩心翡翠寒，自是羈懷眠不得，瀟瀟夜雨角聲殘。

菁如縣長招遊羅田巖集讌精舍即席賦呈

暫疏羽檄訪羅田，幾折峯巒別有天，古殿松風凝翠黛，飛巖花雨散珠泉。精忠正氣留遺烈，性理禪宗仰昔賢，好遣芳辰開綺席，白雲深處共陶然。

羅田紀遊

風定旌旗半日閒，戰門選勝許追攀，天然泉壑開幽境，一覽雲陽是此山。
蒼山鬱鬱水泠泠，獨有靈巖數點青，從此花封添韻事，琴
餘補禊擬蘭亭。
夏時分野漢時封，此地偏當五邑衝，幾度蟲沙羅浩劫，雲
垣斷瓦滿榛叢。
早趁晴墟涉淺波，籜冠芒屨髻盤螺，田家事事饒風味，輕
挈筍籠鶯乳鵝。
水淺沙平一葦航，中流容與話滄桑，頻年撫轄流移復，白
足春畦早稻忙。
枳柯細纍亦堅貞，選策雕摩手自成，忽憶紅樓開舞扇，春

江回首不勝情。

蒙茸茜草吸明砂，一路邐迤曲徑斜，客裡不知春色老，滿山開遍杜鵑花。

偶然松下擷青芝，鼯鼠窺人墜亞枝，欲向巖頭書奕壘，待他來著橘中碁。註二五

講舍心傳政事餘，生虞多士負吾諸，千秋遺緒濂溪閣，一靜涵虛養太初。

妙相莊嚴擷碧岑，華嚴洞口白雲深，一聲清磬松花落，亦有悠然物外心。

平頭寨子岳家營，指授清泉潤渴鯨，重訪石龕何處是，空

留絕句點秋晴。

孤忠到處見丹忱，壁上靈葩四字箴，我亦滿懷家國恨，殘山賸水一登臨。

青燈寂寂佛同龕，逃谷歸來世味諳，誰譜新詞仍亦壁，落花疏雨憶江南。

一觴一詠總風流，檻外嵐光翠欲浮，但得靜中留一業，高懷亦自有丹邱。

閒携蠟屐遠招邀，勸客傾尊興更豪，笑我十年常病酒，不須沉醉已蕭騷。

客散山齋衆鳥喧酡，顏握別有餘溫，圖成不借丹青手，鏡裡鴻泥認爪痕。

題菊潭望雲山房詩草

沃蕉衍靈支，巖巖漢城邑，故乘理叢殘，墜聞僅可拾。策馬貢江濆，蕭寥囲山隰，翛然喜希聲，戎軒展清什。腴道契天游，聰彊堪仰挹，揮易見心源，篝燈起酬答。朝暾明芳洲，時鳥鳴恰恰，曳杖遠相過，丹顏掩青睫。翁歲負岐嶷，風雷志騰蟄，塵羹厭秋闈，廩餼怡親顏。避寇入匡廬，蓬帷事簡牒，倦客苦紛華，歸舟詩滿篋。抱膝敞柴門，含元通噓吸，慷慨念時艱，撫膺蠶齧葉。白首抗胡塵，壯氣匈奴懾，凱奏已非遙，會洗銀河甲。把卷遂初心，臥看雲生榻。

咏抗戰三女傑

粉蝶詞殘玉樹秋，東陲一夕缺金甌，風飄白髮親桴鼓，月照丹心拂劍韝。蘐閣十年開虎帳，松川百戰伏鯨流，常山功業佗城跡，壺老英聲壯六洲。洪文國游擊隊之母也。

具區萬頃遠涵虛，琴劍鍾靈絕代姝，獨抱近畿憑孔道，每將輕騎破強胡。碉樓射日沉螺角，湖寨屯雲濕翠裾，掃蕩黃龍彈指事，好傾櫻酒醉蓬壺。蔡金花縱橫太湖，每輕騎襲敵。

綺歲同仇誓報韓，鉛華洗卻上雕鞍，潛龍縱壑江河濶，俊鶻摩空天地寬。斬將搴旗胡膽落，裹創浴血戰痕瘢，三湘七澤多魁傑，抗志於今有木蘭。唐桂林奮袂從軍，多戰績，夥伴不能辨。

曉起

曉起敞虛牖，遥天一展晴，雲圍溪上屋，柳拂水邊營。簷鳥窺花落，山鳩帶雨鳴，鄉懷頻入夢，烽火故園情。

積鬱羣山合，陰晴衆壑殊，濕煙凝遠浦，人語隔前墟。浴雨分畦菊，區塘種水芋，不才甘遯世，蹤跡混樵漁。

溪橋徙倚暮雨欲來懷天然

飯罷乘風倚石梁，炎雲蒸雨鬱蒼蒼，月揺慕靄朦朧夜，電激層陰缺律光。歸路提壺雙釀賤，孤村臨水一燈涼，山中忽憶天然子，吳楚飄零兩鬢霜。

月夜

豪情漸向客中消，賸有詩心伴寂寥，今夜月明非夜雨，一
般都是可憐宵。
枝頭宿鳥怯虛聲，且逐清涼趁月行，夜半誰家吹玉笛，落
梅時節憶江城。
魚吞花影尋知誤，鼠覓餘飡了不驚，萬類營營何所寄，只
將口腹累平生。

題畫

寥天雨過遠峰青，野逕松風響塔鈴，獨與幽人閒靜境，一
泉一壑總清泠。山水
篆香蘭若趁吟鞭，餐玉歸來近十年，客裡愁聞金縷曲，臨

芳殿角鎖春煙。

甌碧鞋紅分外嬌，月明神女珮聲遥，山樓水榭春如海，閒染天香慰寂寥。牡丹玉蘭

明嵐淨岫浥秋光，噴雪飛巖濕翠篁，劚藥不辭山逕遠，任他水閣敞新涼。

此心早共白雲閒，寥落秋溪水一灣，欲向山中充隱逸，滿林紅葉晏松關。山水

讀書雜感

秦築長城障九邊，禦胡功業數蒙恬，後人誰識楊翁子，顯晦茫茫莫問天。楊亦秦將，與蒙同築長城事見淮南子。

曲肱蔬水得全天，餓厄黎丘道更堅，千載不磨君子節，方剛骨氣未須圓。孔子能方不能圓，見鹽鐵論。

烈風暴日損年豐，封豨修蛇厥害同，誓與貔貅張肅殺，康衢鼓腹羿之功。見淮南子

師褊深知積怨叢，悔尤干祿總無功，商寬差合弦韋旨，交誨諄諄在取容。見蔡邕正交論。

劍花飛舞貫行草，貨殖盈消入取裁，意匠翻空參造化，神奇都自悟中來。

詠史

隆中決策定三分，魚水恩酬舊使君，得失難言惟謹慎，後

先拜表見忠勤。七擒終服南蠻地，六出空勞北伐軍，千載嘉陵江上望，陣圖深鎖嶺頭雲。諸葛武侯

書生憂樂關天下，早見經綸白屋中，直以諫諍全后德，不遑成敗竭臣忠。六分部將開諸路，三歲屯邊折夏童，頑寇東南猶負固，遥瞻吳越想英風。范文正

墓門矢祭永銜恩，報國深鐫背血痕，恥見江山淪半壁，誓驅韃虜奠中原。從師細擲非違詔，當路芳蘭幾幸存，一笑漫成三字獄，時人誰爲訟沉冤。岳武穆

蝦夷摽掠海疆空，敗絮支離荊棘叢，生教臥薪同刻苦，忍情誅榫見沉雄。製成環餅軍糈減，著到新書將略工，彩旆

薊門仍柱石，邊庭生鎮自雍容。戚少保

續雩江櫂歌

宵來山溜欲平樓，樹杪連雲弄小舟，網得鮎魚長尺半，偎篷臨水照梳頭。

澄江瀲灩亦滄浪，幾折芳洲打槳忙，照眼榴花還未落，岸頭沽酒過端陽。

盈盈亂髮覆雛鴉，却笑隣娃兩鬢花，淺水清磯雙白足，隔江誰唱浣溪紗。

閒情輸與弄潮兒，彩鷁游龍逐水嬉，謠詠蛾眉千古恨，雨窗醉讀楚些辭。

晴江容與木蘭舟，生小嬌憨字莫愁，漠漠水田雙翡翠，銜魚飛上柳梢頭。

蔆林瓜圃入雲封，半畝榕陰繫短篷，向午家家香稻熟，山歌聲裡臥薰風。

斜陽古道滿平蕪，日落牛羊下故居，素手鴉鋤青竹絡，輕拋細草餵塘魚。

山程遠迤片帆輕，一棹歸來趁晚晴，行過前灣明月上，重光塔下是西城。

世擅綸竿郭李蕭，滕前蕃行似椒聊，雩江獨唱漁家傲，醉臥西巖聽晚湖。

女蘿山鬼楚巫師，禱雨祈晹總及時，兄弟三村勤報賽，雲軿風馬展靈旗。
羅浮仙子夢高唐，翠羽明璫夜未央，一晌塵緣章别恨，秋燈吟斷九迴腸。
雞唱江村報五更，薦神香火夜鳴鉦，但祈來日平安過，此境無教風鶴驚。

羅村夏日即景

卜居人擬小桃源，隔岸峯巒露石根，一榻河聲吞落日，半帆雲影送黃昏。酒香隣舍輸梅子，雨足山疇長稻孫，閒煞灘頭雙白鷺，棲煙眠月淡無痕。

經行日日繞陂塘，老圃風飄苜蓿香，窺戶花枝時展笑，拂衣竹徑午生凉。緑天絮語張殊俗，紅袖低頭拜素方，此境只堪成獨賞，暫紓塵慮水雲鄉。

田家百事總辛勞，夜半猶聞響桔槔，晨起飲牛紅蓼岸，晚來歸鶩白雲巢。掃林攤石風桃脯，就竹編籬護藥苗，但冀今年晴雨適，豚蹄報賽祝豐饒。

蛛絲塵壁挂簑衣，向晚窮簷翼鼠飛，倦蜓夢仙花露重，鳴蟬曳響椰風晞。溪頭抱膝看雲起，隴畔行歌荷月歸，浴罷逐凉傾白墮，豆棚閒話語依稀。

自嘲

午夜荒村萬籟希，空梁惟有鼠啼饑，老僧獨坐山齋冷，自起挑燈補衲衣。

曉村散步

松煙輕裊雨中香，粳稻穰穰取次黃，山入斷雲連日腳，舟搖殘角度溪光。鳥欣清境移嘉蔭，魚長新苗過別塘，籬豆園蔬和露摘，一肩曙色趁墟忙。

月下懷人

蟲語殊繁響，微涼入旅愁，懷人千里月，獨客五湖秋。故國林間燕，生涯水上鷗，嚴城應未寐，清夜楚江頭。

送翼漢赴上饒疊前韻

戎軒捋豹略，暫別不須愁，花月江城夜，波雲海國秋。文思堪倚馬，詩興欲盟鷗，莫唱陽關曲，神馳古皂頭。

秋日感事

山川靈鬱蘊天藏，應有奇葩向晚芳，林葉戀柯還自綠，野篁解籜似人長。愁懷慣逐三秋雁，客緒偏憐五夜蛩，歐亞龍蛇同起陸，天心何事演玄黃。

中夜秋聲到枕邊，夢回涼月伴愁眠，飄零踪跡三千里，辜負襟期二十年。一任江山開境界，偶逢泉石話因緣，書生漫作憂時語，會見王師奏凱旋。

別雩都鐸聲詩社諸子 註二六

蚤年作賦志凌雲，眼底孤高迥軼羣，南國風華名貢士，中原露布舊參軍。偎闌覓句茶初熟，剪燭論心酒半醺，寥落天涯同不偶，河梁握別意紛紜。羅織秋蓀雲

蓬島歸來意氣豪，議壇馳騁冠吾曹，人知法苑遵前路，天與英耆屬後彫。雨過扶藜分野菊，花香載酒泛詩瓢，靜中歲月閒中趣，別後心縈白髮飄。劉仿叔濂

南天躍馬試征鞭，橘柚繞花柳著緜，自分空山常寂寞，喜從異地證因緣。雲房差比奚囊富，洛社羣推祭酒先，賸有吟懷吹不斷，擘牋遙寄閬風巔。李菊潭壽坤

城西菊叟德爲鄰，抱扑年年守谷神，白鶴凌虛添慧業，黃

全散盡樂清貧。松篁別院潛修地，著述名山自在身，高隱未應詩興減，即今大雅仗扶輪。李月航翊唐

故國心馳舊草堂，南村煙柳自蒼蒼。（明季萬年少先生，隱吾邑南村，亦名壽祺。）雞林聲價三都重，海鶴精神七秩強。一字苦吟情主簿，八乂作賦軼初唐，晴暉向晚原堪愛，莫倚秋風感夕陽。溫家萬壽祺

三十年來老杏壇，醉中落筆勢奔湍，快談風月消今夕，遙契黃虞結古歡。似此氷懷堪作友，笑人骨相未宜官，豈因雲樹殊行跡，好把新詩寄與看。楊曉村映是

日夕臨軒相見頻，至今挹撲尚天真，少年契合惟之子，亂

世蹉跎感不辰。獨以模楷期後進，更將精邃邁疇人，蜷龍未必終潛蟄，會看風雷起蟄伸。宋月裳仕照

咏絮才華見淑儀，辛勤樂育是良師，却將課藝抄詩卷，笑把茶甌當酒卮。蔬圃斜陽三傑傳，竹樓寒雨四秋詞，玉臺從此張吟幟，行見揚芬貢水湄。管蕙裳章球

臺閙玉茗擅臨池，何幸蘭閨樂倡隨，喜有餘閒親翰墨，拈來清句寫臙脂。嶺頭又見舒梅蕊，江上無端折柳枝，自笑秋蟲鳴不已，那堪吟席作人師。賀綺霞雲

象湖寄語卷六 註二七、二八

淮陰邢立堅耐寒著

寄恒伯蜀中

棊枰酒陣少年場，客裡相逢鬢已蒼，穎發早知鉛槧賤，鵬圖應羨海天長。音傳浙水情猶昨，地近巫山夢未遑，快斬游絲憑慧劍，莫因綺緒故神傷。

中歲依人暗自憐，蒼茫家國百憂煎，叨親夙契傾肝胆，強寫秋懷入管絃。老圃黃花開勁節，疏林紅葉著先鞭，遙知不負匡時略，一掃胡氛靖九邊。

碧薌見和秋日感事詩依韻奉訓

秋涵溪色上蘭臺，遠壑平林次第開，空谷聞聲饒逸響，封痕棘眼有餘哀。知君早就屠龍手，愧我終非舞馬才，山國漫興寥泬感，得依嘉蔭且徘徊。

瑞金旅次雜咏

征車東渡貢江秋，一葦波心任水流，回首宛然煙井在，微雲黯日下虔州。

翠竹蒼松路幾重，一峯昂首峙其東，當前雲物匆匆過，都付低眉淺睡中。

停車待渡問行程，今日微陰昨日晴，長得琅玕青似玉，爭刓別署牆題名。

五丁鑿道闢巉巗，一路經行到眼簾，上有危崖下絕澗，風催砂石撲眉尖。

參差紅葉半山涯，深似朱顏淺似花，記得白門秋色好，閒攜俊侶訪棲霞。

一帶玲瓏意匠開，渾疑潑墨點塵埃，天然別業添清供，留與幽人賞鑑來。

缽山臨水抱孤城，獨展通津接八閩，北望似開平遠畫，石梁古木此雙清。

南國坤維孕淑靈，青絲白足亦娉婷，如何念八荷花撒，猶牘深閨舊典型。

此地曾經歷劫餘，故家喬木半榛墟，溪頭却遇南鷗子，心寄羲皇雪滿鬚。

途程歷落往來頻，生恐山靈欲笑人，此際不須耽放逸，輪蹄于役感勞薪。

雨中過西江

一秋三度過西江，漫逐征車笑野厖，山作圍屏雲作幔，牆風吹雨落明窗。

四山紅葉老秋容，稏䆉聲中晚稻豐，宛似米家開畫本，行行一徑白雲封。

題麻花集

當年定遠事西征，一日收降七十城，漢族英威揚異域，傳來斑駁亦殊榮。
窮竄南荒獨喟然，文宗韓子總心妍，子都縱有嬋娟美，却供旁人暗取憐。
花面逢迎為取容，翻嫌尊範未能工，本來世事如蓬亂，扶植生機在直躬。
昨夜繁星明碧落，今朝細雨點紅塵，賦形象物人為上，開拓乾坤見本真。
朱明收復舊山河，七二稀疏未足多，芝宇數來增倍蓰，他年功業更如何。
福音未必是靈丹，青鳥傳方去不還，漫謂俳詞無妙用，博君狂笑一舒顏。

題畫

萬山凝素玉霏微，且荷綸竿罷釣歸，濠上一經三歲暮，笑余閒煞舊蓑衣。

寒聲動地暮鴉嘑，攜得孫枝覆髮齊，今日煮魚拚一醉，山邨沽酒過前溪。歸漁

山谿一徑石梁橫，日暮寒鴉噪晚晴，驢背料應詩興遠，梅花如雪撲人清。

蓬頭荷策見天真，家釀壺中酒味醇，漫道山人無歲月，梅花開到是新春。訪梅

歲暮雜感

梅花明月柳花風，飲酒陶情總未工，寫就新詩成獨賞，懶將心事與人同。

載經兵事醉人稀，味薄村沽酒力微，故國烽煙千里隔，空山疏雨一燈歸。

夜舂聲裡吠村尨，客緒紛紜意未降，獨擁寒衾虛室白，窺人涼月入疏窗。

十年耽靜倚枯藤，況味當同退院僧，依舊情懷無着處，撩人窗外雨如繩。

楚水吳山路幾重，蠻雲蜑雨寄吟蹤，頻年賸有冰心在，破

帽殘衫過一冬。註二九
寥曠山樓分外寒，凌晨雪霽鳥聲乾，風花眼底匆匆過，曉
角凝愁逼歲闌。
爐畔寒消一局棋，攻心角力費凝思，指揮若定安危繫，把
握全盤勝可期。

客中懷人

虛窗微白曙光侵，一覺偎衾客思深，遙念歸鴻情絕塞，漸
聞眾鳥動寒林。低回往事閒中趣，珍重新詩劫後吟，忽爾
空山懷小謝，江南消息尚沉沉。　謝天然
音塵一別幾經秋，獨向南天汗漫遊，調護十年期我厚，煦

涵七秩許天酬。壺中花鳥供研索，眼底烽煙任去留，料得杏林春意滿，琴書安置不須籌。徐旌門 註三〇

次碧薌遊犁庭公園感作韻 註三一

雨過蝸涎上古垣，曲塘春水漲新痕，晴湖散策恣遊屐，遠嶂分封拱列藩。樹入橫雲山市靜，苔侵斷碣舊題昏，似聞白日鵂鶹語，

空餘亭宇鎖層巒，花發棠梨孰與看，一角關河遺壯烈，十年城邑尚凋殘。當時戡定原非易，劫後昭蘇亦大難，話到飄零憐越女，松根煮茗沁脾肝。

春日感懷

遯世頻年笑踰垣，吳塵楚雨滿征痕，纏綿恐汝蠶成繭，顯晦銜人鶂處藩。千里陣雲沉白日，一簾新月伴黃昏，海棠開罷春將半，寂寂山邨獨閉門。

雲煙杳靄入羣巒，鎮日偎闌靜裡看，二月餘寒仍料峭，一編無計守叢殘。楄中角奕疏慵易，花底傾觴買醉難，比歲耽吟成結習，笑余何事費心肝。

次蔚遊南昌湖濱公園和作韻奉訓

雨過莓苔屐齒留，李花如雪訪巖幽，縱譚河洛周天數，俯覽星辰百尺樓。華讌殷勤欣卜夜，萍蹤稔熟似逢秋，早知擷得匡廬秀，可奈鯫生負一籌。

偶耽林壑輒勾留，位置琴書興亦幽，百戰河山存古邑，十年湖海有高樓。潛心寓物觀時變，積晦層陰擬暮秋，獨客漫抒搖落感，還當借箸待君籌。

稼萬叟自雲陽寄詩盈帙，率次見贈韻奉訓

翠凝銅鉢采茶天，梅子花開又一年，衆彙爭榮春似海，清流泛寄室如船。縈迴離境思嘉會，欣喜高吟到客邊，知是康疆人益健，新詩寫遍五雲箋。

重陽雜感

五度秋光滯客鄉，漫勞風雨作重陽，敦槃掉闔連雞策，寰宇紛紜逐鹿場。野水涵虛山月白，菊花搖落陣雲黃，假途翫寇原非計，矯首南天弔越裳。

靜境清冷却睡魔，頻年歸計總蹉跎，蕭疎久負龍山會，慷慨難逢燕市歌，九月碪聲縈客思，百端心事逐人過，女蘿山鬼生秋色，咿啞殊音入耳多。

强半風懷付簡籤，一燈相暱息窮閻，采將芋栗加餐飯，折得茱萸壓帽簷，聽到笙簧茶正熟，爲澆塊壘酒頻添，遙知故國清罇夜，玄帝山頭白露霑。

却喜隣家白釀開，勞他親送菊糕來，清思合序滕王閣，樵俗空懷項羽臺，薊北露傳增涕淚，江南風物入塵埃，莫嗟蔬糲饑臣翊，賸有閒情賦七哀。

象湖村居疊韻

水複山環鬱此鄉，抱琴無語對斜陽，鬢邊簪菊迎神會，燈下拈花選佛場。露渚芙蓉初褪白，霜林橘柚漸迴黃，何當結得煙霞侶，箬笠芒鞋薜荔裳。

沉醉諸天看舞魔，眼前花事惜蹉跎，逢人漫作辛酸語，獨客偏來子夜歌。征轂幾經紅葉老，疏櫺一任白雲過，天涯已逐鄉心遠，夢入清笳枕上多。

憧憬殘痕記事籤，又看旭日到衡閻，寒聲蕭索雞棲樹，人語稀疏雀墮簷。脈脈溫馨心上過，絲絲華髮鏡中添，豈因減卻耽吟興，為底詩腸待酒霑。

叢菊芳蘭次第開，西風何事入簾來，中原鼙鼓新營壘，故國王孫舊釣臺。萬里關河悲客路，十年襟袖落塵埃，江南秋老音書少，望斷遼天一雁哀。

豐溪村居集卷七 註三二　淮陰邢立堅耐寒著

題援兒試馬小家 註三三

立馬南山第一峯，襟懷磊落氣如虹，揚鞭莫負澄清志，踏破搏桑曉日紅。

側身東望陣雲高，馳騁沙場劍在腰，十萬匈奴齊授首，行人爭看霍嫖姚。

和菊潭過程屋嶺弔明僉都御史李養愚先生故宅 在雩都大西門內儒林坊

南臺抗疏犯權門，獨以風規動至尊，縱使投荒甘遠謫，敢因阿世便辜恩。嶺頭古栢摩殘照，巷口寒煙鎖斷垣，空見羣烏啼白日，至今猶似訟煩冤。

唐虞盛治重彝倫，明室陵夷久佚淪，衹向儒林求往蹟，偶披諫草見諍臣。連朝雨過荒坪濕，五夜花飛故邸春，我亦南天羈旅客，幾番憑弔獨愴神。

自遣

晴天鬱熱雨天寒，大化推移料量難，百事了無掛眼處，一杯聊當暢心看。山川遼曠襟懷遠，風月清泠意境寬，萬彙欣欣俱有託，問君何用作悲觀。

題張右義烈士紀念冊

躍馬關河白日斜，誓將鐵血鑄中華，搏桑浪激雙鋒劍，細柳風催五夜笳。百戰聲威餘駿烈，十年功罪付蟲沙，從知浩氣千秋在，一片丹心照漢家。

平田村居

四面雲山展畫屏，晴嵐染黛撲眉青，逶迤聚族成墟市，躑躅尋幽到憩亭。老樹偃柯張翠幄，飛泉散瀑瀉銀瓶，從教塵慮消除盡，獨立沖虛見性靈。

夕陽西下瞰中庭，閒話桑麻戶不扃，曲徑幾灣開境界，平疇一碧失畦町。水舂激響宵催雨，螢火輕飄夜度星，枕上清冷思更遠，窺人山月入疏櫺。

答友人問近況

豈為閒曹久，荒傖白眼擎，獸灰隨冷煖，鼠跡任縱橫。硯匣膠猶滯，茶鐺水不清，此中滋味苦，未敢語良朋。

雨夜

積雨銷沉夜，移床屋漏頻，饑儛梁上鼠，寒襲旅中人。松柏存孤勁，梅花薦早春，醉鄉亦坎壈，止酒豈因貧。

寄懷德軒師 詩三四

謇謇諤言折檻風，議壇馳騁健詞鋒，辭家獨赴艱危任，誓衆羣推矍鑠翁。漫許樗材堪撫字，頻勞杖履問遊蹤，飄搖白髮思函丈，一角春申萬刦中。

歲暮大雪雜憶

蓼國棲遲雪滿衣，豐溪重見玉霏微，雲飛大漠羣龍戰，日暮空山鳥雀饑。客子偎燈神亦慰，書生說劍計全非，天涯梗汎知何許，寂寞寒江舊釣磯。

圍爐卯飲酒盈瓢，趁醉尋梅到佛寮，舊雨契心千里隔，俊遊僊指七年遥。荒江水滿添新漲，急礱春寒響暮潮，好景不妨恣意賞，峰頭積雪未全消。

沙田迎春詞

華燈燁燁照門簷牙，不是俞家即鄭家，萬類迎來新氣象，二分春色到梅花。

送春次季澈韻

陌上花開緩緩歸，相逢但祝莫相違，闌珊意緒三春暮，荏苒芳華百事非。風月雙清玄鶴下，江天一靜白鷗飛，明知一晌仍重聚，為底連朝減帶圍。

征轂依依滿別情，楊花如雪撲簾旌，心縈上苑金鈴語，夢入春城畫角聲。結得園林容小住，好將山水供清評，行看衆綠掌朱夏，且聽黃鸝酒共傾。

閩北紀行百首卷八　註三五　淮陰邢立堅耐寒著

九牧方經刦火餘，市頭寥落少人居，求來脫粟兼金價，莫使中途二痛僕夫。九牧兩度被炸，市況蕭條，御者餓不能興，於農家求脫粟，每盌兩蚨，余亦強進半甌。

臨崖一帶好溪莊，垂柳深深護草堂，但願匡牀容一夕，瑯環未必是仙鄉。疲極思臥，以稻塍徑仄，不便行車，乃已。

倉卒臨歧意未伸，年年爾我總勞人，相逢片語仍分袂，企予同聆刦後身。晨弟先余離五都，未及話別，今始遇於茶亭，略談復別去。

隔江煙水幾人家，茅屋臨溪日又斜，草薦不妨聊偃息，明朝門外是天涯。道旁多空房，藉草而臥，門外馳車震撼，竟夕不寐。

冷落江南舊釣絲，漁梁悵望意迷離，吾鄉潭毋今何在，空見王孫泣路歧。（過漁梁埠渴，求勺飲不可得。）

五月楓林未染霜，肢骸狼藉祇心傷，行人掩面每每過，碧血黃埃帀國殤。（楓林被炸，陳屍道周，見者為之鼻酸。）

喜從間道下仙陽，堪笑誰貽辟穀方，一望山林餘燼在，行行相顧戒深藏。（就道左人家炊飯，方舉箸彈中對山，白煙縷縷，行人不敢避山林。）

汗雨車塵蹩憊行，旋覓飲泣苦吞聲，迤邐五里長塘盡，一路辛酸到浦城。（五里長塘，浦城地名。）

萬家燈火近黃昏，投止徧逢人閉門，孫笑為謀一夕地，低頭那復有煩言。（車工有餘姓，商借一宿，以言音，蘭溪婦峻拒之，乃允貽地臥。）

饘粥清清盡兩甌，得資果腹勝珍羞，羣生掙扎饑寒綫，人語燈氏昏夜市頭。難民屬集，夜市甚繁。

平明促々又移家，行李蕭然憶一車，白日頻來風鵲噪，山頭躑躅路三叉。明日寄行李，入山避警。

此身直欲託山靈，行過長亭又短亭，日暮歸來仍貸廡，新橋堍下覓孖停。寓新橋下。

此地當非安樂窩，仍將蹤跡寄巖阿，青獅白象都名蹟，石室容人靜裡過。青獅、白象兩山對峙，松蘿中有石室，頗堪習靜。

末世難逢太古風，艱危相與一身共，忍饑負重無慍色，念我車徒夏述同。夏廣豐，五都人，約力善御，忠誠可念。

十里行程到九邨，牛宮容膝且句留，襄陽乞米何須帖，一飯從來未易求。九郎距新橋可七里，移住其間，村小無餘屋，於牛關中安一榻，清湘贈未一眠。

今朝釜底又空空，玉黍如珠當飯供，更取山中紅郁李，小亭閒咲臥涼風。

蝴梅山居入未深，陂陀幾折到連墩，當門水潤臨江岸，浴罷清談倚石根。連墩待舟。

扁舟一葉泛中流，煙水蒼茫似點鷗，兩岸青山看不足，亂波激石下潭頭。發舟向水吉，閣江多亂石，過，避之非老於操舟者不能濟。

滄浪一櫂杜漁歌，松壑雲林取次過，看到坎煙村落近，水仙祠下繫輕舸。宿舊署天后宮。

人人爭為稻粱忙，瘴癘烟霞鄉計未遑，照眼紅榴驚物候，得嘗角黍即端陽。舟次迴龍驛，未供午，鄉人餉以粽子，祀壽天中節，猶甪鼠疫已識，未暇計及。

石齒吞舟下激湍，青潭小住一時安，孝廉舊館書聲斷，猶有青燈照夜寒。止於青潭張孔修孝廉舊宅，商孫孝弟力田，待客恭謹。

恍似桃源訊問頻，桑麻雞犬自天真，甘瓜苦李爭相餉，通洽人情漸可親。如入武陵溪，白頭黃髮爭來問訊，久之漸洽，每攜山果來相餽遺。

連朝積雨滯行旌，林靜風恬鳥不驚，市遠山深村釀薄，爐開餺飥就清茗。青潭距縣三四里，頗安靜，思飲而酒味甚薄，日市燒餅佐晨餐，汲泉煮茗。

維舟待發復踟躕，聞道王師克五都，欲把戎軒移郡武，浦城消息近何如。時有寇從念八都竊浦城訊。

碌〻長途策重車，御人蹈隙走山涯，剝膚胥冒嗟行役，從倚修篁望月又華。聾匠覓匯輸，偶遇鄰翁，御者相率十七去，經月不至。

威靈顯赫一方尊，殿宇清嚴廟貌存，許我倫間參靜業，空庭花落兩忘言。真武廟靜坐。

桂海巴山繫念中，流離骨肉兩心同，拈毫漫作蘇辛語，恨有平安報客蹤。寄樓璟西兒家書。

帆檣雲集臨河市，置邑三年漸向榮，縉紳叢南疆成孔道，計程指日到延平。水吉本建陽一鎮，置邑未久，今為入南平衢逵，日就繁榮。

山廠水漩回奔馳，雙足行路不知疲艱辛，早存千里來志，須知遠是男兒。辛勞終日，用以自勉。

檢點糈儲三日過，今朝瓶罄復張羅，侏儒飽食真堪羨，飯

罷鳴々捫腹歌。羨饒岸、

妻孥交謫違詞鋒，朋友參商意不同，為問紛紛爭緣底事，萬
方々難總關窮。客中所見。

經年環繞家湖濱，閘道迴車卻返迴，已分飄零同梗汎，天
空海濶本無垠。去歲由瑞金遷廣豐，取道寧都，今由閩北遷回，恰繞行一周。

江村話別淚潛々，離合無端一剎間，行過煙波三十里，輕
舟晌午到壺山。別友南發，繼舟小湖。

黃梅天氣雨來頻，水滿江頭阻客津，但笑飄搖身似燕，銜
泥偏傍畫樑春。寄宿徐氏家，女郎萬金習讀書，能操閩語，待客殷勤，啟藥櫥，余笑卻之。

幾番圍上困河魚，病榻支離夢亦孤，村落孑然逢妙手，輕

投一帖霍然蘇。腹瀉十餘次，頗委頓，市有龔君通醫理，進五苓散一服而愈。

夜來雨歇早潮平，山色空濛一棹輕，衝破洪濤九十里，建甌城外日初晴。早行過險灘，浪花濺衣袂間，午抵建甌，日光灼人如炙矣。

西城橋下暫停橈，東舫西船眾語嘈，一晌解維移船去，青門掩翠午陰饒。移舟泊柳下。

舊雨分襟正月過，倥傯戎馬總蹉跎，清燈濁酒傾懷夜，別後心情近若何。季淑先余抵閩，爲餞井闌，置酒傾談，各述別後事。

三舟銜尾向南行，羽檄傳來復轉程，兩度叢林休楚域，斜陽影裡入嚴城。舟向南平，中途旋止。午經深林，稍憩幾，知數被轟炸，屍臭猶可聞，暮入廟後門暫住。

巨廈崇墉舊世家，庭蘭無主自開花，依人簷下豈吾願，悔不東陵學種瓜。庽陶朱巷，林廬主人遠遊，列屋皆賃廡，余設榻廊下，門外賣瓜，備勝我輩。

榕城仙子玉蝤蠐，鬖髮如雲一望齊，漫道金剛耽色相，從來尤物足神迷。庽有粲者，某君初相宅返報曰，他不必論，即此足以神迷矣。

華燈列肆逞繁榮，誰識中原未解兵，憔悴恐為明鏡笑，殘衫破帽避人行。建既裙屐蹁躚，如不知有戰事，余備風塵骯髒，不覺自慚形穢矣。

千里舟車力已殫，低頭無語典征衫，芙蓉搖落秋江冷，行見西風到枕函。市上有售衣如筆，竟齊者。

連宵筆牘困官骸，破曉親臨七星街，兩蹈危機平穩過，饑腸終日費安排。即事

孤篷矮伏汗如漿，若向停舟婦趁涼，土木無名叨酒食，前

村傀儡正登場。舟發南平，過岩前，村人弄偶戲媚神。

晴沙如雪照空明，風入清波欸乃聲，忘卻凌雲圖水曲，蜿蜒山堞是南平。南平輪廓宛然似之。

小奇城西畫錦坊，孤蹤去住兩茫茫，棟通百物山成市，到處清泉透齒涼。客裡徬徨，百無一可，只家家劈竹引泉，清冽滿甕，差可喜。

撲人風雨渡江濆，山上雲連水上雲，青蓋芒鞋泥滑滑，淋漓一路下西芹。冒雨渡江，行二十里，止青芹。

雨過江深野色寒，征驂暫息疑雷壇，盈盈開遍添紅豆，惹起相思下箸難。

鳥啼遠樹殢人愁，井市喧闐衆語稠，此地遠離齊魯境，鄉名底事喚青州。行四十里，暮宿青州。

烈日炎風倦客身，碉樓錯落壓江濱，驛亭假館舒勞乏，沃水先消十斛塵。暮宿高砂驛，熱水就浴。

桐陰十里覆長堤，山鎮孤村聽午雞，三五人家香稻熟，彎〻一水是漁溪。午過漁溪灣。

長河清淵拓平疇，箕座依山意境幽，一水中分通約略，琅〻先報荻花秋。琅口距沙縣十里，水木明瑟，意境寥廓。

江城如畫倚山隈，輸挽聲中估舶來，比戶家〻成市廨，庭前花木四時開。沙縣依山臨水，帆檣雲集，戶每結屋如舟。

旅中喜遇故鄉人，封後傾談倍可親，錫我南針壯行色，前途當不患迷津。（路同郡郭墨西，承示入贛途程甚詳，可感。）

一肩行李向三元，獨步趨行默不言，纔過窯塲十里近，青

々壁立似城垣。（五里窯塲，十里城頭。）

古堡衢繁風欣鬧，奎光門外倚斜曛，潺龍、雨山光吹葉路

入悲笳々急暮雲。（過梅列，日暮啟雨未及一入。）

老樹參天大十圍，闈中猶着漢時衣，風塵潦倒誰相識，補

履先生見遁機。（三元多樟樹，大可蔭數畝，婦女挽高髻博袖深襟，倘漢代裝履，故就補主人，廉其賢。）

輕風吹起雨絲々，客館蕭寥百不宜，今日放懷聊可慰，茲

人招我一個卮。（旅況無聊，蔣於一按飲。）

日暮街頭蹀躞捫，精神相感豈無因，歸來忽報嵩蹤至，積

思如潮一解嘲。是日意從手祖聲將至，逆迎數四，歸寓聞果來相見，欣然。

策杖終輸健婦行，試從苹口問前程，披離草昧開山徑，怪鳥驚人碎格鳴。雁村婦背行李，捷如猿猱，猱進至苹口，終不能及。從併徑行，蓬蒿沒人，怪鳥時鳴。

萘闍棲遲一夕安，相逢白眼向人看，黃金竟有通神力，豨豆和糖佐進餐。投貢川劉炳經舊宅，主人為戶峻排，予以金，巖然供薪水甚恭，乃摩菓豆作豨果腹。

峰巒漸次入靈崎，恣意看山路不疲，譬物寓形羅萬家，巖高百丈接雲涯。一路山勢平行，至是漸可觀，若龜若兔若人形，無不肖。百丈巖上連雲，陡高不可即。

陂塘曲折入田家，小婦臨妝鬢似鴉，白盤青餅君自取，朝來新試嶺頭茶。田家飲。

崇樓傑閣五雲端，車馬闐咽到永安，一自闢疆移節後，紛々人海慶辞冠。福州當後，此地為政治中心。

黌舍容身尚未能，依然行脚一孤僧，移家又向城邊路，赤

日當簷似火蒸。某小學在暑期中，因假寓，主其事者陽恭而陰屏之，移塌衛庭，被熱甚。

小極居然困阿咸，行々啟止阻征帆，嚴陵別具醫人術，々

謝春風滿玉函。聲姪病不能興，乞福州嚴世楨診視，藥進表解，再服而痊，可感也。

横斜簪笠插釵梢，娘子軍容著勇聲，嶺後自然成一族，楊

家姊妹是英豪。嶺後人婦女裝束特異，孔有武力，且能自給，別族不能治，相傳楊家七姊八妹所接

下渡元龍此寄廬，綠陰如幄自扶疎，江村長日堪消夏，老

圃安閒我不如。陳大拔寓下渡村，居停盧氏灌園自給，所入甚豐，可羨。

朝々銀漢望雲軒，罰得青符竟不靈，三上征軺仍返旆，稽

遲幾日費調停。永安乘車，買票甚難，須大力者預爲關白，余得兩票，三日不得上，站長走匿不能決。

空肆聊支白板牀，生憎襆被太郎當，雨餘天氣夾衾減，能受深宵一味凉。行李付運，假息空肆，雨後寒甚。

上座將軍意自豪，不才楚尾任飄搖，車聲雷動崎嶇路，轉眼行過大小關。車制依次坐，有當道手牒者列上座，違亂其序，余後不得位，[illegible][illegible]殊甚，車轟轟如雷。

山頭盡陣壘連城，氣象森嚴似列兵，關市只謀稽稅便，迴車兩度過文亭。連城山不甚高，布石似陣圖，文亭舊稅驛，入旋復折回。

路入漳汀兩地分，行人上下意紛紜，無心一任閒中過，散淡何如嶺上雲。朋口換車。

松毛輕嶺路盤旋，山勢岧嶤上接天，冉冉白雲生足下，不知身已到茅嶺頭。松毛嶺甚險峻。

美人攜手賦同車，議論滔滔似串珠，顧早騈騈有推出字，教他碁局滿盤輸。美教士同車相與談，特石其持論如此。

湛然一水鑒澄泓，滌盪襟塵好濯纓，過眼只堪成一瞥，任他依舊在山清。過河田溫泉，不獲一浴。

風物清嘉憶昔遊，三年仍是舊汀州，停車試認鴻泥印，過客歸來已白頭。長汀。

曉來重過聽松軒，認取靈巖翠綠繁，拜相山前容抱膝，沁人苦茗靜無言。霹靂巖啜茗。

執御誰為造父才，馳驅宛駝絕塵埃，傾斜隨爾合深味，吾里天河見，酒邊來。（由汀到瑞，不足百里，御者技甚劣，顛危時所因憶同郡黃鈞宰其道用隨語，心稍安。）

牛嶺崔嵬十里遙，松篁一徑入雲霄。此中儘許容高隱，拄杖行吟酒一瓢。（牛嶺高深幽窈，使隱居其中，當不復作塵世想。）

風捲輕沙急似煙，古城一寨鎮閩邊。穰穰秋穗占豐稔，喜見田家慶有年。（過古城田中，以禾甚佳。）

一望平原入贛疆，塔峯卓筆射文光。湛元軒記取東山寺，水木雙清古石梁。（抵瑞金，停車雙清橋下。）

小別綿江閱歲華，重來舊客似歸家。依稀桑梓街前路，綠樹成陰水一涯。（別來經歲，宛如舊燕歸故巢。）

童稚歡呼識姓名，主人攜酒遠相迎。笑余別後無佳緒，憔斷吟髭白幾莖。（還吾廬　村舊廬。）

登山涉水感勞形，卻把征裝此暫停，到後情懷君莫問，年々書劍總飄零。（小住此間，行李無損、。惟篋中書帙散佚、。）

路入煙蘿訪故人，荊扉書掩暗生塵，似聞素筆違帷去，欲向江頭寄錦鋪。（訪蘭墅不遇，云赴尋鄔。）

山抱孤城貢水濱，吾同玉句寄吟身，茫々何處遺尋蹟，千載空懷樵隱鄉。（東坡謫儋耳，過瑞金，寄某氏家，天涯淪落，古今有同慨也。）

家山遠隔路漫々，歸鎬餘生歷萬難，從此團圞傳盛事，叨依大樹得平安。（趙家人南來，阻於兵事，亘五閱月無清息，接趙伯電，知拔軍次不日將至，喜可知也。）

註三六、三七、

 註三八、三九

淮陰邢立堅耐寒著

和喬年滿城風雨近重陽轆轤體

滿城風雨近重陽，不是愁鄉即醉鄉，刦後江山餘繾綣，眼前煙柳亦滄桑。十年箸迷悲秦燼，千里梯航入漢疆，一着儒冠生計拙，傲人惟有菜根香。

泛泛鷺鳬下野塘，滿城風雨近重陽，興來白屋饒詩卷，醉裡朱門浥酒漿。身世不妨同玉局，客蹤再度訪金航，空山好共猿猱語，又見霜林橘柚黃。錄坡謫儋耳，曹禹瑞是邑有金航記。

玉玲珠艷賦滕王，難得扁舟助馬當，繞屋松篁開靜境，滿城風雨近重陽。天邊一雁秋成信，匣裡雙龍夜有光，惆悵江南吟嘯地，不堪回看舊詞場。

小立思量世味長，一庭花木有炎涼，蘋開藻合魚吞影，月澹鐘疎鶴警霜。四面雲嵐增變局，滿城風雨近重陽，佩萸簪菊渾無似，山鬼披蘿鬥晚粧。

蒼天何事演玄黃，幾見蟲沙作戰場，柳外旌旗傳露布，燈前劍鍔動星芒。終教虎旅夷三島，佇看旌揚靖八荒，馬背莫輸劉越石，滿城風雨近重陽。

潭湖秋感次韻

羣巒襍沓抱孤城，遠戍風搖斷角聲，潭影空涵斜日靜，流泉不易在山清。參天老樹鶴同紀，絕塞橫雲雁與平，客裡偏來寥泬感，百端心事逐愁生。

春日遊龍歸山

板橋幾折枕溪流，好趁新晴汗漫遊，一望町畦瀰綠野，十年襟抱寄丹丘。梅花似雪香成海，松竹宜風韻入秋，知是靈山應不遠，峰頭冉冉白雲浮。

依稀樵徑許登臨，路入蠶叢取次尋，曉日半天開宿霧，平林一抹隔遙岑。放懷宇宙觀時會，獨倚江山念古今，到此振衣凌絕頂，怡然儻有武陵心。

路轉峰迴勝境饒，茆亭小築倚山椒，三春花事閒中過，五夜禪心靜裡消。古殿煖風摩燕壘，野塘新水長魚苗，孤懷欲訪幽人宅，且倚枯藤散鬱陶。

天圓去後宗風歇，桂嶺空傳降巨靈，潭影獨涵秋月白，心光長照晚山青。蜿蜒飛錫龍歸壑，落漠荒龕虎聽經，花雨至今留跡象，枝頭紅杏尚婷婷。

逶迤歸路傍山趺，澗底花開景色孤，斜日煉雲鳥語碎，斷巖潑瀑水聲麤。偶逢竹徑涼生腋，久坐松陰翠濕襦，我為不遑容避世，漫將蹤跡混樵漁。

雨後望洛陽山

岡巒形勢鬱岧嶢，松檜蟠虬倚碧霄，舒卷無心雲出岫，陰晴作態雨來潮。欲憑掃葉芟詩草，豈為茹禾儉酒瓢，遙念中原花事近，芳菲如錦夢迢迢。

山居吟

相土分町畦，疎籬編鹿眼，拖甕日灌園，聊以醫吾嬾。藥芹
鬱奇香，蕓薹傲新筍，菠稜補血輪，馬芥張翠纖。市遠寡肉
食，菜根恣飽啖，婦稚共辛勤，努力事生產。
古人念時艱，運甓勞筋骨，而我居閒曹，安得蓄廝卒。薪火
助晨炊，鈍斤剖榾柮，析理順自然，攻虛力不竭。遑言術未
工，爐畔已成闕，留心爨下桐，焦尾響清越。
鴻雁謀稻粱，營營在一飽，博此升斗祿，貧生已非小。囊未
初赧顏，路僻逢人巧，秕穅養分饒，食之延壽考。田家滿倉

箱，餘粒肥羣鳥，歲暮事春膠，春聲徹昏曉。
觜了初褪黃，睍睍殊可愛，調董衛春寒，柔苜輙盈喙。引吭
嘯清暉，澄波泛蒼背，充庖恐傷仁，鸞之計亦悖。嬌女意踟
蹰，雙峰蹙眉黛，閉戶展黃庭，悠然有餘慨。

殘衫

春闌簡點鏤金箱，一著殘衫意轉涼，新製自憐花樣巧，舊
情爭比藕絲長。餘香開到荼蘼樹，別壘營將玳瑁梁，漫抱
琵琶訴哀怨，滿船蕭瑟似潯陽。

苦雨

韶華九十付春陰，積瘧叢縈一寸心，枕畔泉聲頻浣夢，町

前秋綠漸浮鹹。薔薇照眼憮芳樹，蓿苜充腸當苦參，好鳥時呼泥滑滑，芒鞋竹杖入煙岑。

有憶

心潮起伏豈無因，不為愁懷不為貧，向晚逗涼新浴罷，藕絲衫子月如銀。

籬豆花開引蔓長，偶然小別已新涼，閒中彈指輕輕過，燕子歸來似故鄉。

小山叢桂已飄香，一枕微醺夢未央，此際莫興萍絮感，碧天風靜最清涼。

環兒編輯嘉陵江日報寄勉

廟堂軒冕集羣英，萬眾欣看大業成，好以文章扶正氣，更
將經濟策民生。匡時毋失風人旨，感舊猶懸月旦評，終見
大同躋盛治，南天翹首望神京。

次魯愚暮春山歌韻

故國花飛莫漫愁，偶逢景物快清遊，繞過疎雨林間淨，時
見白雲天際浮。儘有蛙聲添鼓吹，何勞鵑語勸歸休，一泉
一壑皆幽境，行到龍山最上頭。
日煖平原開繡甸，風清杜若滿晴洲，依人無計鄉雛燕，愛
爾真情舐犢牛。小院落花春黯黯，天涯芳草思悠悠，山城
寥寂身如寄，一抹斜陽獨倚樓。

重遊雲陽襍詠

書劍飄零似寄鷗，雲陽一別幾經秋，四山紅葉應相識，醉倚西風笑白頭。

連番風信漫相催，猶抱霜姿向水隈，豈竟孤芳成獨賞，菊花香裡我重來。

陰晴瞬息變山姿，到眼峯巒面面奇，暗送幽香人不覺，漫天蒼翠長松脂。

秋邊明滅鳥飛迴，淺瀨平沙露釣磯，三五人家團水曲，晨風遠送語依稀。

到處垂垂晚稻黃，欣看棲畝有餘糧，農家終歲辛勤甚，何待豚蹄祝上方。

行人相顧鑒前車，路入崎嶇是畏途，談虎至今猶變色，一番蕭瑟過萑苻。

行盡岡巒路漸平，戍笳猶自帶商聲，臥虹飲水臨江滸，殘壘蕭然細柳營。

斜分斷岸是潭頭，孤塔凌空白日浮，鷄犬桑麻城郭近，前塵如昨認處州。

環城一望盡康莊，那許如潮建築忙，省識徐娘丰韻在，好將古色傳新粧。

輕裝百里下征車，旅邸安棲便到家，逐逐風塵同作客，明

朝門外即天涯。成句

槿苗挺秀與簷齊，重拂殘碑認舊題，牆有一園秋色在，芙蓉花落鳥空啼。

竹籬臨水舊城西，塔影當門路不迷，燕子歸來尋故壘，此身如入武陵溪。

清議銷沉力已殫，飄搖白髮獨登壇，積年別緒君休問，第一關心是治安。

每從向晚愛晴暉，十里資生粳稻肥，遮莫老來詩力健，拈毫欲咏雉朝飛。

裁成多士仰文宗，蓄德含光斂碧瞳，鎮日吟哦苦不足，稿徉泉石信天翁。

儒林巷外雨瀟瀟，來訪洪都老法曹，磨盾十年仍故我，重舒青眼認征袍。

贈郭鑄我秘書

雍容幕府典羣僚，一把清芬俗慮消，早向政壇弘作育，更從藝苑振風騷。照人朗月存肝膽，笑我新霜點鬢毛，好趁明時敷治績，匡廬煙雨路迢遙。

凱音集卷十　註四〇

淮陰邢立堅耐寒著

和嘯吾冠降喜賦

十載空談紙上兵，登壇磨盾兩無名，欣聞寰宇音書捷，悵望關河涕淚橫。萬里旌旗開盛治，八方風雨會同盟，遙知指日還京闕，樂奏鈞天賦太平。

歸樵

遠村曖曖起炊煙，紅葉盈筐未息肩，為愛前頭好山水，晚霞如錦足留連。

野眺

佇立斷崖間，欲取眼前景，晨風生微瀾，清流攪吾影。空山動遠鐘，泠然發深省，一任烏飛翔，應知天地迴。

趁墟

清晨趁墟市，曉日帶微寒，依勢河多曲，臨歧路幾盤。風林仍舊色，霜橘尚餘酸，欲立塵氛外，翻憐避世難。

送汪長霖歸田

昔年海上早乘槎，閱嶠崢嶸是法家，每見筆端參造化，漫從口角露才華。蕭齋冷落嗟同調，客路分飛屬後車，故國烽烟歸不得，一天離緒入清笳。

贈蒲陽吳嘯南

三年挹刺避紛華，來訪城東處士家，說劍朋儔多夙契，爛

柯仙客足生涯。從頭細數桑田景，淺甌新煎穀雨茶，慚愧
舊題徒齋壁，何堪濫獎當籠紗。

幕府勛猷出楚材，河陽到處滿花開，安排筆陣供揮灑，檢
點詩篇費剪裁。一室琴尊耽靜業，十年鋒鏑老清才，汎達
我亦嗟行役，回首江南百事哀。

援兒自紹興電告八月十三日已生男喜賦 註四一

千里音書一電馳，欣然報道長桐枝，銀河洗甲開新運，玉
帳添丁卜遠期。鑑水喜鍾毓地，嘉禾恰是慶成時，寧馨
自覺堪珍愛，滿室祥和共展頤。

夏蟲雜詠

引類忘營取屯儲，苦厚藏附疆原本性，鬥力各相當。智誦穿珠巧，潮來避穴忙，槐安終是夢，富貴豈能長。蟻

頤影慚仙蝶，羞明侶蝠蝙，修眉常見妒，粉面假斯文。華燭光堪附，蘭膏欲可熏，趨炎終不覺，憐爾自身焚。蛾

布網滿簷牙，營營為何事，偶然挂蝶衣，察察以鳴智。有鳥踏高枝，飲啄頻如意，睥睨笑汝旁，眼睜抑眼閉。蜘蛛

送瞿大美赴南昌

春日秋霜總得宜，舒翔况是少年時，憶從綿水聯新契，話到虞山屬舊交。月旦早孚閭井望，風裁合當氣疇資，幾番別後重相見，漫向長亭折柳枝。

五河沈荔珊兩詠玉臺復有新春詩以謝之

青鳥傳來碧玉箋，喜聞好友締良緣，豐溪舊是迷香徑，一入天台不羨仙。

茂陵秋雨瘦腰郎，酒陣詞壇早擅場，玉管春回花月夜，應多佳句賦催妝。

蓉城仙子衍鍾山，眉樣新描月一彎，儘有溫柔堪繾綣，不須更唱大刀環。

藍橋縹緲陽關遠，聊折新枝慰所思，縱有粲花翻妙舌，莫教吹徹玉參差。

憶江南

十年事驀地上心頭，千里江山共明月，一天風雨送扁舟，别思雨悠悠。

荆門遠，暗裡鬢生華，一晌情懷車轉轂，幾年蹤跡浪淘沙，同是在天涯。

山城裡，眼底亂雲飛，幾見松篁時蔽路，每逢荆棘慣牽衣，到處與心違。

清磯急，客邸又秋風，遠渚曉煙凝杜若，空階暮雨滴梧桐，日夕盼歸鴻。

新春歸逢喜占

十年轉轂事天涯，喜與梅花度歲華，歸到江南春色好，枝皐宅畔是吾家。

次蹇方叔櫻花韻

盈々猶是紫長姿，漫與穠華鬥染脂，石蜜嘉名宜入譜，緗珠蓄冒是儘堪追。行看綺席邀清薦，早著芳聲及盛時，卜晝江南春幾許，年々總得好風吹。

得錢莪當寄詩次韻奉酬

故園花飛爛漫春，一天風雨正懷人，十年得失蕉隍夢，萬象紛紜芥子塵。宜與蒼松同勁節，應知玄鶴是前身，從今甲籙膺新眷，歲々開尊月滿津。

五月二十一日返海虞

三上蘇臺鍛羽歸，人情八九總依違，早知世路時多坎，備向朱門夜啟扉。春水漲痕侵斷岸，海潮作勢打危磯，果然萬古長如此，不信千秋有是非。

題熟中周年特刊

丹楓展笑菊爭妍，猶是秋高九月天，如此寧馨須愛惜，崢嶸頭角慶周年。

贈饒女鴻國醫

心同良相是儒宗，渾樸猶存太古風，腕底陽春參造化，客邊竟日語從容。閒來散策親苓朮，老去儲材補藥籠，紅葉滿山秋似綺，何妨琴瀨寄吟蹤。

逍遥吟卷十一 註四二

淮陰邢立堅耐寒著

寄寓逍遥遊别墅

結廬多傍水雲涯，烏目山趺好住家，久與漆園成風契，吟窗自署小南華。

遊曾氏虛霩園

廻廊曲檻滿荒長，猶見苔侵齋壁詩，眼底盛衰誰管得，花開花落已多時。

興福寺空心潭

天然靜境絕塵埃，一逕雲封掃不開，到此心隨潭影淨，落花無語幾人來。

過錢牧齋舊宅

雲消柳盡舊樓臺，詞部風流土一坏，儘許當時清議在，何如桂海鶴歸來。

遊芝園

境入瑯環不羨仙，清溪九曲柳三眠，至今池館成墟莽，空負經營二十年。

初氏少參戎幕，日夕過從，一別如雨，僂指近三十年，頃返虞山，蔚然道故，喜而賦此。註四三

翩翩年少舊參軍，立馬江淮迥不羣，卅載重逢雙鬢白，偎燈絮語酒微醺。

和耕研題符山堂集用段蕪叟韻 註四四

離亂明僧存幾个，伊誰更理閒中課，石湖獨紹舊家風，文獻攟遺誠遠大。吾鄉老輩推符山，一語吟成輒驚座，長卷低回復咨嗟，幽懷惓惓藩籬破。數罹劫火依經笥，幸矣斯編當致賀。憶從洪澤泝江淮，謬向戎軒充祕佐，戟門午夜刁斗寒，惟與霜髯索酬和。皮藏歲歲付飄零，靈海空樁苦饑餓，南趨閩嶠北燕城，暗裏流光掠人過。每覩牙籤意悅愴，萬全一葉真奇貨，蟫魚食字困叢殘，自哂雕蟲殊無奈。荊榛敗絮想當時，敢以騷心寄楚些，孤本歸君寧偶然，青箱珍弆莫輕涴。

贈人

軒揭眉宇話當時，綠鬢依然鬥酒姿，吾輩生涯同落寞，少年蹤跡總談奇。玄黃屢變羣龍戰，風信催寒萬馬嘶，至此漫興飄泊感，江天一任暮雲馳。雲九

別開溪徑費思潮，獨向吟壇樹一標，盃酒醉邀燕市月，辭鋒怒激海門濤。枯蟫食字原非計，旅雁書空亦太勞，最是江南風雨夜，豪情莫漫靜中消。北原

春日偶成

極目雲煙接大荒，停杯拔劍意茫茫，無端去住仍風雨，底事羈棲為稻粱。白日空隨流水逝，虞青春漫笑楚人狂，匆匆

又是花朝過，喜見新枝發海棠。

疊韻示熟中同學

一角園林好拓荒，新芽滋長豈虛茫，安貧已分甘虀糲，勵志何須饜肉粱。五夜調箏人亦醉，十年說劍我猶狂，祇今此境堪懷戀，樸棫相親若棣棠。

夜齋坐雨

蕭然瓶鉢且隨身，料峭寒凝寂寞春，纔向空齋安瓦硯，更從梵苑結禪隣。雲迷劍氣沉江滸，雨咽笳聲壓戍屯，難得此心棲靜境，睚人况有一燈親。

柳絮次韻

荏苒芳華客思悠，年年寥寂水邊樓。慙無佳緒酬青眼，儘有柔情慰白頭。書幌風輕聊可寄，硯池源活不須愁。萍蹤未必長飄泊，且狎親人海上鷗。

送姚逸叟歸桐鄉次元旦韻

論交恰在菊花前，喜見從心幾歲年，快擷芹芬舒甲早，近探桐錄得春先。殘零札記輸盲左，辜負游蹤讓史遷，遙想歸帆煙雨畔，奚囊收拾好詩篇。

小住

小住荒江遠市塵，漫將往事話酸甜（燈前），輪蹄寥落三千里，書劍飄零四十年。興至攤詩消白日，狂來把酒問青天，任他覆瓿何須計，著述名山未足賢。

秋菊

秋懷不可拾，斗室自生妍，風緒應猶昔，霜姿獨得天。晴窗閒曉日，瓦缶浸寒泉。喜與幽人俱，陶然濁酒邊。

次述初見和元韻

椎魯依然是鈍根，里居應記望衡門，每聽非馬懃高論，往負雕蟲謄小言。喜得書緘隨雁至，洗將硯墨任魚吞。沖夷自合饒天趣，況復開軒月滿尊。

再訪吳仲言不遇

敢道猖狂似步兵，卻慚投刺到公卿，偶然忽動山陰興，手把閒雲挹太清。
高文希古隱為尊，遯世何須畫掩門，兩過幽棲人不見，空
階斜日靜無痕。

除夕

靜裡悠悠歲月長，駒馳蟻轉抑何忙，撐腸莫說書千卷，挂
眼惟餘酒一觴，故舊幾番驚老態，梅花著意點新粧，獻椒
共柏都陳迹，底事依依總未忘。

送人游白門次韻

江頭春雨長潮痕，一曲驪歌到耳根，鬥韻未妨詩律細，論
交早識布衣尊。明時天子伊人健，昔日風流幾輩存，此去

不須添悵惘，鶯花滿地送征轅。

子興以肖象一幀貽沙亦悲，幾經戰事，幸存篋中，因以檢還，率題其上。註四五

兮謝良朋什襲藏，故吾還是舊風光，七年苒苒忙如雨，兩鬢蕭蕭漸染霜。天地有情誰主客，江山無恙已滄桑，莫嗟庭戶生荊杞，劫火難銷射後芳。

夏日遣興集山谷句

漁父拏舟在葭葦，江南樓閣白蘋風，閒尋書冊應有味，頓覺浮嵐暖翠空。

中年畏病不舉酒，安用茗澆磊塊胸，作箇生涯終未是，幾

歌誇与落花風。

有客集卷十二　註四六

淮陰祁立堅耐寒著

有客

有客歸來桂海西，繽紛麗藻錦囊攜，迴環省識俜仃意，檻外幽禽恰恰啼。

外監鏡湖容散逸，玉臺奕葉著清門，雪庭早擅江東譽，咏絮才華軼衆昆。

扶疏夏綠早霜雕，一晌秋光黯綺寮，牘有吟懷吹不斷，青燈微雨冷詩瓢。

誰識娟娟掌上珠，寧馨超遠倩人扶，鳴機夜課秋窗靜，好教充閭屬鳳雛。

獨秀峯頭抱素琴，天涯回首白雲深，干戈滿地風飄絮，應損春山一寸心。

天半朱霞强笑顰，孤芳誰惜此風塵，蠣垣銀管新詩句，全粉飄零海國春。

明璫織札寄螺川，別後心情曲曲傳，已分塵寰成小謫，是花是月總清妍。

迢遞淮壖入夢遥，客邊又見鵲營巢，戎軒漫作傷懷語，為賦閒情慰寂寥。

題畫石榴為徐如卿作

磊落赤玉姿，佳種來西域，將軍奏凱旋，聲威揚民族，抗志靖胡塵，掃蕩仗巾幗，會當飲黃龍，上比櫻桃熟。

題畫梅竹爲黃啟華作

瀟瀟勁節自紛披，喜見春光占上枝，縱使東風消息惡，等閒莫負歲寒姿。

送馥泉入蜀 註四七

頻年樂育是良師，衡宇相望淮水湄，好趁風雲西入蜀，壯懷端不愧鬚眉。

題照

璇閨把臂素心知，琴劍情懷漱玉詞，却羨紅塵飛不到，漫勞錦札問歸期。綺園好景春風裡，客館輕寒夜雨時，攬鏡自憐清影瘦，暮雲江上動遐思。

無題

心許何曾惜臂砂，生憎風月誤年華，黠妻底事無消息，歸路愁聞陌上花。

漫把空空擬小名，疑雲疑雨不分明，爲憐一搦腰肢瘦，抛卻花間賦太平。

西風吹墮合歡枝，贏得蕭郎鬢染絲，一晌心頭無着處，墨花和淚斷腸詞。

夜闌歸去怯空房，伴醉泥人卸晚粧，滋味酸甜渾不似，剖來丹橘枕函香。

誰家院落夜調箏，曉鏡雙蛾畫不成，小語卻防鸚鵡喚，暗拋紅淚賦長征。

自從別後減丰神，心影無端上翠顰，但取背燈通一語，不須惆悵碧桃春。

懷中錦冊鬥精英，素手纖纖一笑擎，綵筆為儂添一帙，桯花館下索題名。

六朝粉黛舊詞場，回首江南夢亦香，燕子不歸春欲老，天涯誰憶謝秋孃。

明燈燁燁泛流霞，白袷青裳掩鬢鴉，幾度避人偏引睇，春風吹上粉桃花。

雲外旌旗柳外樓，梅花香處試凝眸，知君不負游仙夢，一角紅燈繡枕頭。

仙侶環筵笑語融，幾番觴座玉杯空，漫將酒漬污襟袖，輕露華池一點紅。

盈盈一水隔遙岑，雨過莓苔履迹深，留得草堂春意在，不妨沉醉臥花陰。

南園看桃花

芳菲逐逐滿征途，風懷況復委軍書，天南炎燠物候異，殘年纔過柳稊舒。西出我軒百步遙，有園不治亂榛蕪，陂陀起伏曲徑仄，疏林白日聞啼鳥。連宵春雨沃膏澤，催放桃花三百株，繁英細蕊好顏色，穠華似與江南殊。燦若天半散餘霞，時有微芬襲人裾，春來百事無一可，偶然花下立斯須。金衣宛轉愁紅雨，客懷寥落共踟躕，伊余惜花花不知，笑倚春風嗤人愚。有人曾比花解語，鑄花為魂雪為膚，殷勤試為花致答，許儂知君君何如。

無題

春宵偎枕訴相思，話到情深總是癡，別有幽懷人不覺，暗雲逗雨故矜持。

空房何事鎖春山，鏡裡懨懨損玉顏，只恐漢宮原有屬，柔條未必許人攀。

養花天氣轉更籌，小語喁喁夜未休，縱許此心能熨貼，等閒莫漫擬鴛儔。

愁將心事與人看，風定飛花散綺瀾，若教識情成夙願，禪房容我侍蒲團。

雨絲簾幙又黃昏，眉上痕連心上痕，好夢已隨殘月墮，思量一度一銷魂。

依依晨夕總前因，靜裡悠談意緒親，此境可堪長繾綣，新詞為譜惜餘春。

春草春花取次過，綺懷偏向客中多，無言便是關情處，一笑低頭逗眼波。

青衫落拓只耽吟，直為浮名誤到今，慚愧鯫生無一似，敢勞紅袖許同心。

天涯咫尺隔銀河，江上無端漲綠波，暗解鮫綃貽尺幅，從今贏得淚痕多。

哀艷詞章屈宋尊，問天憂國總溫存，美人香草原無意，腕底空留一抹痕。

無題

臨別生憎薄倖名，一番珍重證前盟，覓窗指叩燈花卜，緘札心馳客路程。底事偏饒鸚鵡舌，離懷愁聽鷓鴣聲，鍾情端合惟吾輩，若道忘情便矯情。

鴛湖秋水自幽澌，冰雪聰明想舊姿，豈竟名山埋駿骨，料因絕世妒蛾眉。當時草草翻成悔，別後依依總是癡，莫遣吟奩紅葉老，東坡海外信還疑。

見似詞為恒伯作

竹馬青梅綽約姿，艷名早擅籤錢時，甘飴密寄同心結，隱事偏教阿姊窺。

垂髫雙綰轉生妍，髣髴雲英待嫁年，低壓綠雲凴一語，翠鬟旗下兩心鐫。

芳塵拂拭卸征鞍，客邸聊謀一夕安，共擷春蔬滋味好，殷勤小語勸加餐。

柔情俠骨一般兼，亞字闌干丁字簾，最是酒闌燈灺候，幾番欲說故矜嚴。

空齋寂寞倚城隈，坐到黃昏待月來，檢得清詞情宛約，半頭何事費疑猜。

雙星迢遞阻銀河，七夕偷閒一度過，明日又愁成小別，憐他冷露濕淩波。

影梅菴裏空相憶，香晼樓中綺恨多，知否沈郎腰帶減，明朝明鏡復如何。

清酒臨風奠一盃，芳華過眼付塵埃，夜深試讀哀蟬曲，可許香魂入夢來。

恒伯斷句九截為足成之

月闌花殘酒半醺，情天綺緒總紛紜，媧皇煉石留遺恨，獨遣羅敷遇使君。

脉々情瀾起鑑湖，為誰惆悵為誰臞，傷心愛讀相如賦，不信羅敷自有夫。

山雨如潮鈌律開，金門忽地響春雷，憐伊生小心旌怯，曾為檀奴浴門來。

芳心一點透靈犀，貼地雙彎六寸齊，索得蠻鞾仍什襲，幾番未忍著春泥。

區々榮辱久相輕，幾見黃金市愛情，快語曾聞論得失，千釣兒女一毫名。

心鐫端不計春秋，終把嚴阿姓氏酬，窺得柔情輕過著，低
頭强飯盡三甌。

為賭心情搜祕記，書籠衣篋幾回翻，片楮零句渾無似，遺
恨悠々到九原。

飄零書劍兩難酬，戎馬蹉跎二十秋，潑墨幾經勞甲乙，期
儂事々出人頭。

綺年豪氣拂吳鈎，壯歲光芒射斗牛，更欲為儂添膽力，天
南地北許同遊。

野花

水偎幾折又山偎，到處無名歷亂開，不是逢人偏著艷，漫勞過客劇闌懷。留連陌上當前景，悵惘名園劫後灰，擷取一枝猶旖旎，笑他蝴蝶逐將來。

惆悵詞

榕陰半畝草如茵，離即偏逢陌上塵，暗自窺墻人不覺，欲凭石上證前因。

穠纖骨肉自勻停，鴉髮垂垂兩鬢青，便許劉楨平眼視，心犀一點已通靈。

溪頭雨歇白雲多，記得鯫生此地過，幾度背人空悵望，漫將心事託微波。

飛絮浮萍亦偶然，問渠何事著纏綿，癡心特恐成泡影，空負深閨待字年。

綺原小立擷青梅，驀地驚鴻一瞥纔，知是避人佯引去，行行擡首幾徘徊。

十斛明珠論聘錢，頻勞氷上費周旋，長門賦就文章賤，鄉曲空傳水石緣。

　淮陰邢立堅耐寒著

次韻壽雲都李菊潭叟

頻年擁盾未遑歸，又向南天振翼飛，暫息征驂依上邑，偶因聞雁識兵機。欲從耆舊徵醇俗，別有仙緣展法闈，却喜龍門原不遠，可容塵客叩荊扉。

弘參眾妙溯先知，百歲人間只戲嬉，泉石煙霞隱者壽，松風水月上乘詩。低回往事都成讖，慚愧中年總未宜，堪羨空山能養性，芳辰一醉酒盈卮。

次菊叟六五述懷韻

孤松不受雪霜侵，錯節盤根素養深，耆老康彊添歲月，高文尊隱與山林棉，江水煖頻通問，蓮幕風清未礙吟，銅柱策勳憑叟鑠，豈因遲暮便銷沉。

元菊寒浮傲晚秋，宏開壽宇暢天游，雨香眉壽慳緣會，百里心期託唱酬。落落生涯原結習，嚶嚶聲氣足淹留，名山事業如山壽，次第安排著浸籌。

菊翁又六七壽辰次祝

悠然天爵迥恆流，五載追攀樂唱酬，纖雨散花青鳥至，澄波涵鏡白鷗浮。秋盧許列香山會，儒釋同參蓮社遊，高隱久應忘甲子，讓他海鶴儘添籌。

梗汎頻年任播遷，白雲深處憶羅田，孤松閱世山同壽，短墨磨人石共堅。新黍釀成饒酒力，疏篁睡起颺茶煙，何時重上昌村道，匹馬春風快著鞭。

東陽周允丞七十雙壽

望重濂溪舊德尊，光風霽月見清門，雞林風負文章譽，鴻案群欽古道存。萊舞聲中傳露布，菊花香裡晉霞罇，幾生修到神仙侶，共擷青芝養壽根。

坷鄉凝瑞飫甘泉，天與英耆樂歲年，累葉克彰經世學，過庭親授牧民篇。錦堂日永山同壽，玉宇秋高月正圓，豈唯華封遙獻祝，還期令子勒燕然。

壽張封翁八十

淵淵太古風，內剛而外易，醇然食舊德，淹博多材藝。良相奏同功，青囊發奧祕，積善降餘慶，門庭盈喆嗣。伯仲福梓桑，叔膺百里寄，耆耋享康彊，州里式人瑞。臘鼓展芳辰，南陔陳斑戲，酌酒祝遐齡，期頤彰盛事。

黃作梅母六一壽誕

曩年我作虔州客，飽逸庾新製几席，飫聞千頃恣汪洋，晉挹光風隔歲曆。朋儕推許非虛聲，肆志兵農沉典籍，及今梗汎來封乾，侘傺雙寒歸晨夕。三千賓從饜梅峯，六一文章賞荻畫，母氏劬勞允淑儀，鹿車承助計然策。精識草木通靈奇，濟人豈必玉函擴，南國春回荔子苗，令嗣欣承毛羲機。萱幃甲子數從頭，蘭桂森森慰白髮，梅花香裡發新醅，萊衣共進流霞液。

戴太君八十壽

嶺南得氣先，山川饒形勢，文物冠芝州，坤靈毓秀異。咏絮擅才華，上嬪潙溪士，挽鹿相藁砧，丸熊勵喆嗣。仲氏最稱賢，巍巍圭璋器，匡時典糈儲，三軍賴無匱。蘭桂盈階前，門庭日以熾，萱闈慶延齡，康彊天所畀。蟠桃獻瑤筵，笑看萊衣戲，慈竹正長春，期頤宜可致。

次織秋先生七一述懷韻

箸述琳瑯重秘辛，一生砥礪是清貧，鳳鳴盛紀三江萃，鷺薦名邦百里親。久何詞場推月旦，却從人海養天真，山中飲罷延齡酒，歲歲梅花報早春。

銷盡輪蹄事遠遊，相逢楚客漫悲秋，嘉禾允洽鳴琴瑞，上策曾邀借筯籌。千里徵書星火急，一帆歸棹水雲浮，敬恭無倦推桑梓，十載薪勞總未休。

劫後江山念舊邦，萬人創痛困輸張，好芟荊棘培桃李，欲化鴟鴞作鳳凰。獨典度支綜籌畫，勤宣民隱發深藏，得全臺閭滄桑盡，莫任蹉跎老僻疆。

回首分襟恰五年，重親耆宿倍欣然，幸於洛社觀仁壽，喜與商山共健全。客裡頻勞長者過，燈前初揭嗣君賢，逍遙杖履從心矩，廣結人間翰墨緣。

壽建疇四十

秋風匹馬展旌麾，馳騁關河蚤奮飛，作育菁莪成國器，弘抒韜略典戎機。仙桃結實三千歲，大樹敷榮四十圍，鏡裡朱顏春不老，倚〻有笑〻有舞萊衣。

刦灰攟遺卷十四 註四九

淮陰邢立堅耐寒著

秋日登禹王臺 註五〇

西風落葉晚來頻，荒殿寒鴉砍近人，畢竟菊花甘隱逸，黃金散盡不知貧。

九月二十七日趙園看菊寄玫叔丈守之學兄 註五一

疏柳長河聳暮秋，倚樓人醉冷香浮，虛心對菊胸襟淡，彈指看花歲月周。大隱從來無境界，高懷亦自有山邱，勞君酌酒還相送，歸寫詩章紀勝遊。

雨後登近暉樓 天然奉母禮佛處

眼底孤松翠欲流，雨餘天氣似深秋，雲煙莫漠雙飛燕，湖海歸來百尺樓。小院莓苔添履迹，鄰家薜荔滿墻頭，江南小謝何清發，坐擁峰巒當臥遊。

月夜散步憶醫隱

涼月無聲墮水湄，流螢飄忽曉風吹，野歌悲憤如聞哭，大道凌夷莫論詩。啼鳥落花皆覺境，碧梧翠竹見清姿，可憐誰為蒼生病，國手如君世所推。

澄澄玉宇共徘徊，清夜聞笳大可哀，魚避風涼浮月出，鳥疑天曙破煙來。四圍楊柳牽愁起，十丈荷花帶笑開，久識空山能適性，如何壯志未容灰。

題秋懷室淮陰風土記 註五二

禹跡茫茫孰與論，舊時風物幾多存，明清六志攻同異，區野重經認刻痕。卓举英才歸馬帳，辛勤著述擬龍門，知君不負千秋業，珍重名山好立言。

渡江

十載依然强健身，揚帆今又破風塵，客懷寥落逢秋夜，天氣陽和想暮春，擊楫幾揮憂國淚，豁襟應許看山嶺，白門舊是遊觀地，心上溫馨似故人。

劍龍餞別靜遠草堂戲贈旂青　註五三

依舊蕭疏濟宕姿，同儕竹馬更英奇，低回共接西京曲，放浪全傾北海卮。一片秋懷偏羈壓，萬方多難復臨歧，酡顏一笑維摩室，老眼看花樂未疲。

和劉谷僧七十述懷

小謫華嚴亦夙緣，芳洲秋水百花姸，芸窗徒負雕龍譽，棠蔭群驚雛鳳賢。撫字花封歌復至，參軍蓮幕檄爭傳，平生不乏匡時略，耆歲歸來自樂天。

古貌清臞桂隱淪，蒲團小坐見吾真，吟來清句梅千樹，悟到澄潭月一輪。滿地菊花人共壽，盈階蘭桂自成春，青藜白髮從心健，瞻望梁溪仰止頻。

淮揚道中

海上秋潮溢未平，天涯今又賦長征，千端別緒心如醉，一枕河聲夢不成。野香清笳傳遠戍，長堤疏柳掩荒城，好風送我京華去，時見江頭明月生。

金陵旅舍

窗開迎面挹山邱，鍾阜嵐光几席浮，我與征鴻同一笑，年年只為稻粱謀。

偕從子祖壽遊玄武湖 註五四

暫放船丹北渚遊，白雲紅樹四山秋，明湖蕭瑟煙波潤，故壘凋殘鼓々用迺。六代豪華餘勝蹟，百年風景幾淹留，吾家阿買多佳趣，笑指嵐光落茗甌。

白門寄懷天然

經月離羣滯石城，城南芳渚倍關情，遠違風契豈吾願，愧浮名累此生。夜半猶聞開蕭雨，時艱誰復請長纓；遙知籬畔添秋色，小坐攤書日正晴。

子長約遊雨花臺飲第二泉晚觀平劇 註五五

散策靈泉趁晚晴，一泓不異在山清，四圍暮色蒸雲紫，一抹斜陽入海明。襟上征塵添客思，茗邊絮語動鄉情，江南裘履宣南曲，暫許舒顏賦太平。

送方廣支返紹興法院將遷懷寧

念年挾策走天涯，客裡相逢鬢已華，鍾阜別懷三月暮，禹陵春色片帆斜。庭前花落詩心健，眼底棠陰生意奢，却喜熙州多樵雨，何妨琴鶴共移家。

題蹇方叔游蘇錫八景詩後

江南一片好春光，纔過花朝見海棠。古壘蕭〻餘劍氣，輕車轆〻溢詩腸。梁溪芳渚留恩影，吳苑殘碑弔夕陽。我亦京塵苦行役，喜聞清籟滿滄浪。

挽陳厚載文海丞尊人　註五六

同舍元龍數少年，椿闈早識太丘賢。言旨經史傳先範，砥礪機雲著祖鞭。一室琴尊斜日暮，九秋風雨角星躔。根楷欲獻江津咽，緬想芳徽倍惘然。

次太髮部長黃山雪中偶成韻　註五七

謖謖松濤過曉秋，人間高潔望中求，願從白雪袪凡響，喜近黃山快勝遊。積素涵春開玉宇，朗懷抱月賦瓊樓，尋幽試與山靈約，許向天都十日留。

謝沈次珊文書畫竹見貽

莽莽塵寰裡，惟公獨辟支，蕭蕭風雨夜，落落兩三枝。高節思君子，虛心是我師，何時臨勝地，杖履願追隨。

采風話雨錄卷十五　詩五八

題曉峰先生春溪放魚圖　佚名

不盡濠梁意，暢懷得所天。閒來桃徑外，小立柳池邊。忍使鶯吞餌，從教躍在淵，籃鯈經邊東訓，課罷自携編。

前題　佚名

天地大德曰生生，長人体仁間有情，魚躍鳶飛機並暢，花明柳暗景渝清。蒼頭解網三面，推子能文書百城，救蟻埋蛇行樂事，門閭昌盛子孫榮。

為耐寒書舍題贈　沈珷 次珊 山陰

植立瓊枝葉有陰，堅冰耐得歲寒心，除非介石能知我，落落雲寰孰賞音。

寫梅贈耐寒　註五九　　　閻溥 濰縣

吹噓原不借東皇，高格偏於冷處芳，醞釀好花得春早，須知奇煖是冰霜。

蟠曲芒角鐵杈枒，吐出芳馨氣自華，試與枯毫寫高潔，知君標格似梅花。

柴門即事　　　徐家駿 旌門 石埭

蘋花微雨柳花風，芬含臨溪獨倚筇，雨過雲停新月上，當頭飛個信天翁。

題復廬隨筆　註六〇　　　陸武 嘯吾 杭縣

高文典雅輯叢殘，酒後茶餘子細觀，讀到有關名教處，敢同說部等閒看。
漫言忠孝總無憑，文獻流傳尚足徵，值此斯文將絕日，微言褒貶讓君能。

次耐寒普應寺看花十絕韻（註六二）　喬國楨澍伯　陰縣

禪關雖設不長開，蠟炬燒餘臘封灰，想到登高重九日，獨墻尚有禹王臺。
瓣香孟起得真傳，神似羣流匯百川，墨瀋淋漓摘巨擘，晚年居士亦談禪。
此老胸中有甲兵，手揮詞藻鬼神驚，眼看塵海無知己，願作田夫了一生。
意在毫顛妙入神，一枝寫就總翻新，先生本具調羹手，等
是寒梅不遇春。
李園寂寂久無聞，庭户荒涼鎖白雲，春石也知皈佛好，捨
身長謝故將軍。
遠渡江天般若舟，全焦將上藏經樓，故鄉名刹經年別，好
整歸帆續舊遊。
羽檄紛馳月色涼，登場粉墨奏霓裳，雲將莅援袁公浦，文
老傷心矢不忘。
西郊近水老僧家，別圃群芳艷若霞，悟澈色空空即色，佛

天世界任花花。

萬緣憧擾俱歸寂，一念修持總不虛，最是蓮池春水碧，講經出聽有游魚。

短籬長對四時春，遠市生涯見本真，灌溉欲諳園藝性，嗜花故訪蒔花人。

擬夔州道中　　謝璜 天然 淮陰

搔首問天天不語，拔刀斫地地無聲，九秋風雨三城戍，萬里旌旗八月兵，山鬼逢人偏索笑，英雄愧我未成名，崑崙山極西回首，欲沛甘霖潤眾生。

和耐寒寄懷韻　　謝璜 天然 淮陰

三更街柝滿霜城，悔卻棲遲未了生，萬里烽煙縈短夢，廿年親誼見交情。浮家且要殊方況，穀亂常懷幸日晴，開道北風胡正健，我將投筆請長纓。

寄友　謝瑞 天然 淮陰

風墮枯枝葉已乾，穿窗斜月不勝寒，荒城自覺埋名易，末世誰云就死難。鴻雁每從愁裡聽，雪霜偏向鬢邊攢，七年一別真如雨，且把新詩子細看。

感事寄耐寒句下　孫士椿 味莘 淮陰

醒時流涕醉時歌，詩力況雄戰萬魔，日月似金揮欲盡，肝腸如鐵不畏磨。英雄無奈種秋菜，山鬼爭揶帶女蘿，匣裡雙龍鳴不已，明知負復如何。
求生不易死尤難，躑躅花開紅不堪，一任飄零兵煙水石
無聊賴對江山。登樓憑眺肺腸熱，倚劍相看毛髮寒，杜老
懷人空寂寞，絕無消息到江南。

秋日城西公園書所見　孫士椿 嘯峯 淮陰

池邊人面含秋色，池裡紅蓮鬭麗華，畢竟蓮花勝人面，如
何人不看蓮花。
東海神仙遺一老，西樓粉黛羨孝妹，一般推就殷勤意，傾
傾城國總姓徐。

眺晚　陳光照 萱文 城山

廿載江湖兩鬢霜，遠來廢國又他鄉，荒城日落千山靜，斷岸風高一水長。客裡風光宜痛飲，眼前身世不須狂，何年芳草移蘭畹，猶勝孤桐鳳凰。

虎丘弔古

蹇先集 遵義方叔

海湧峯前一塊石，廣容千人色瑩澤，生公說法迹猶存；吳帝藏劍池仍碧。第三泉高與山齊，降鴻潮已去餘痕，古塔巍然直矗半空，琴臺舍利何處覓。鴛鴦塚畔草萋萋，真娘墓前春寂寂。人事變遷朝代改，空餘蓬蒿雜荊棘。多情惟有殘陽，依然來照似時昔，我來憑弔一悲歌，把酒臨風三太息。

題黎季裔年濟泊齋詩草

高之珪 鳴珂 淮安

如此江山非故態，等閒歌哭不逢人，平生心力拋殘盡，綠鬢仍留門酒身。

三年偕蓋來今雨，一輩論文盤古藪，並世無多君又去，不堪憔悴此衣冠。

前題

楊時雨 味農 石埭

文翁留度此一斑，揭來香瓣爇船山，春離莫更傷家國，吟到滄桑句合艾。

出語能驚世上兒，本來餘事始為詩，嘔心薄技吾方悔，萬變風雲又一時。

過王尖公碧霞留院書齋　　謝　璜（天然漁隱）

道人卜宅多幽趣，一路琅玕節到門，若問生涯在何許，此窗楷榜五千軍。

註釋

祖援謹註

一、復廬待草題詞「如此江山」中第四行「花飛似語」，下似落一「看」字，全句為「看一片韶光等閒辜負」。

二、卷一渡淮集係在抗日戰爭甫起，自民國二十六年十一月至翌年三、四月間，先父偕先舅父陶晉（字之展）與丁師遐齡（字放鶴）父子、祖援與祖環二弟隨侍，由原籍渡洪澤湖循淮河西上，間關入皖、豫、鄂，此集係在皖境沿途所作，共十一題二十三首。

三、其中皖行雜詩十三首敘述渡湖前後甚詳。尤其寒夜枯坐一首，計三〇句二百十一字，寫兵荒馬亂情景，猶若目前也。時旅居三河尖客館，已將就寢，忽某部士兵十數人闖入室內，強令吾等遷出，謂其營長即來住宿，與之理論，不聽。不得已避居柴房，擠臥薪上。先父卸羊皮長袍覆於彼及二弟身上，寒冬漏夜，幾未成眠。天尚未明，即潛攜行李，續奔前程。

四、卷二蓼寄吟係在民國二十七年元至四月間，旅居河南固始約三閱月。共九題一〇首。

五、宋羹陶先生，係先父在司法行政部同事宋君之令兄，當時由其撥供空舍寄寓，諸承接待殷切，真有賓至如歸之感。乃戰事推進迅速，不得已續向武漢前行。

六、謝璜，字天然，為桑梓先父之至友，上海法政學院畢業，執業律師。文宗歸有光，書效鄭板橋。庭院廣闊，遍植玫瑰。詩詞自然奔放，著有《天然詩存》，與先父唱和甚多。

七、卷三漢皐客唱係在民國二十七年四月至八月間，時由豫入鄂居武漢約五月。計九題十首。

八、王雨岑先生係外祖母房氏之姻戚，與外祖同輩，寓漢口多年。

九、王慕陽先生桑梓名報人，創辦蘇北日報，為淮陰附近諸縣第一大報，能文能詩，並擅書魏碑，年齡較先父小十餘歲，常以先父為新聞界前輩尊之。

一〇、張橘生先生字朗齋，泗陽人，與先父大學同窗，並同在淮陰執行律師職務多年，交稱莫逆，時亦旅居武漢。後來臺灣任軍法局高級法官。

一一、符卓如先生，與先父曾有金蘭之契，雖籍隸淮陰，惟多年服務軍旅，掌理軍需。

一二、二弟祖環於四月三十日隨流亡學生搭輪溯江入蜀，入江蘇省立聯合中學就讀。臨行時先父不忍親赴江干送別，由余送至船上，在房艙中為其置妥行李，展開被褥，迨至汽笛長鳴，始依依握別，直至八年後始再闔家團聚。

一三、「憶故居」一首，係指淮陰舊居，亦即「復廬」，詩意描繪，真如置身原籍家中，惜今已全部拆除，改建高樓公寓。兄弟姊妹現又天各一方，讀之能不令人無限懷思乎。

一四、卷四盾鼻吟係在民國二十七年八月至二十八年三、四月期間，時先父應唐冠英（字超伯）將軍之邀至軍委會戰幹團任祕書，在武昌成立，轉往江西吉安設團。全卷計二十六題五十七首。其中「次石丹四十雜感韻」計十首五百六十字；「菊花十詠」十首計二百八十字，均屬長篇。行雲流水，一氣呵成，氣勢不同凡響。

一五、徐翼漢先生字嘯篁，江蘇阜甯人，國學深湛，詩詞歌賦，稱頌一時，與先父同任祕職，交誼甚篤，彼此和唱不輟。徐氏著有《嘯篁館詩文刪存》。

一六、朱楚藩將軍，字鏡明，湖北人，軍校四期，時任軍事總教官後調總隊長。文武兼資，尤對兵學素養甚深。

一七、傅恆伯將軍，湖北人，保定軍校，時任教育處長，與先父青年時代友儕。

一八、戴野平先生，湘籍，時與先父同任祕職。

一九、趙仁甫大夫，同濟大學醫學院畢業。

二〇、華景雲先生，江蘇淮安人，能鐫金石。

二一、廬陵，吉安之古稱。

二二、卷五翠竹樓襍詠，係在民國二十八年四月至二十八年九、十月間，原服務機關因戰事影響，由江西吉安遷至雩都。居處為縣立雩都小學，庭中翠竹數叢，附近竹林遍布，故稱翠竹樓。本卷計二十七題九十三首，其中「羅田記遊」十六首四百四十八字；「續雩江櫂歌」十二首三百三十六字；「別雩都鐸聲詩社諸君子」九首四百九十四字，均屬長篇。雩陽景色，詠述如繪。

二三、此一期間，為時半載，生活尚稱安定，所作詩篇或為旅途所見，或為讚歎歷史人物，尤其雩都文風甚盛，與鐸聲詩社諸賢往來唱和，詩興既濃，作品亦多。

二四、劉菁如先生，為當時雩都縣長。

二五、「羅田記遊」詩第八首末句：「待他來著橘中碁」，經考據《辭源》載「橘叟」引「幽怪錄」：巴邛橘園中，霜後見橘如缶，剖開，中有二老叟象戲，言橘中之樂不減商山，但不得深根固蒂耳」。

二六、羅織秋、劉仿叔、李菊澤、李月舦、溫家萬、楊曉村、宋月寰、管競寰、賀綺霞諸先生、女士，均為鐸聲詩社詩人。賀綺霞女士曾拜先父為師，恆以師禮尊之。

二七、卷六象湖寄語，係在民國二十八年十月至民國三十年初，時原服務機關撤銷，改組為軍官學校第三分校，於江西瑞金成立，先父續在校服務。本卷計十四題四十八首，其中「瑞金旅次雜詠」十首二百八十字；「重陽雜感」及「象湖村疊韻」各五首二百八十字，均為長篇。

二八、各詩除記述旅次地方風景文物外，頗多感懷之作，蓋此時二弟居蜀求學，祖援於二十九年夏先赴贛東，繼轉閩南、湘、桂，服務軍旅，先母及兩妹尚陷原籍，先父孤寂情形可以想知。

二九、「歲暮雜感」詩第五首「蠻雲蜑雨寄吟蹤」句，其中「蜑」字據《辭海》載：「音但，南方蠻族名，韓愈清河郡公房公墓碣銘：

『林巒洞蜑』，註：『南方夷也。』又《桂海虞衡志》：『蜑，河上水居蠻也。』」

三〇、徐家駿先生字旌門，為桑梓名儒醫，在家鄉與先父時相唱和，交誼至深。

三一、「次碧鄰遊犁庭公園感作韻」，原詩為兩首各五十六字，惟第一首最後遺一句，仍照錄原文。

三二、卷七豐溪村居集，約在民國三十年春至三十一年初，時軍校由江西瑞金東遷至廣豐。全卷計十一題十六首。

三三、「題援兒試馬小象」一首，此一騎馬照片係民國二十九年冬在江西鉛山鵝湖所攝。又其中第一首末句「踏破榑桑曉日紅」中「榑桑」二字，經查據《辭海》載：「『扶桑』即『榑桑』，神木名。郝懿行箋疏：『扶當為榑，說文云：榑桑神木，日所出也。』亦為我國稱日本之別名」。

三四、朱紹文先生、字德軒，淮陰人。兩江法政大學畢業，曾任江蘇法政專門學校及兩江法政大學校長，江蘇省議會議長。後在滬執行律師職務，並兼任復旦大學等校教授，頗富盛名，為先父之業師。

三五、卷八閩北紀行百首，係在三十一年五、六月間，時適逢浙贛戰役，軍校復由廣豐遷回瑞金。此際抗戰已瀕最艱苦之階段，所記日軍殘暴，疫癘流行，係指浙贛戰役時，日本侵略軍一號部隊（化學細菌部隊）曾在閩北用飛機投散帶菌昆蟲與雜物，造成當地鼠疫等傳染病流行，人民疾苦不堪言狀。然敵愾同仇，信心不移，固可為歷史之見證。

三六、唐冠英將軍、字超伯，保定軍校第九期畢業，與先父早年相識，且同為擁載孫中山先生，推翻滿清，而志同道合。抗戰初期，唐將軍主持軍委員戰時工作幹部訓練團時，先父即被羅致前往服務。浙贛戰役時超公任第一〇〇軍中將副軍長，時駐防江西鉛山。家母等一行間關逃離淪陷區，旅費幾已用罄，且多疲病，若非得其收容奥援，前途將不堪設想，故有「叨依大樹得平安」之句。

三七、本卷原共百首，然未悉何故在先父遺稿中散失首末二頁，遍查所遺文稿均未見及，至感遺憾。因此僅就所存完整之九〇首編入付梓。

三八、卷九山居吟，約在民國三十一年夏至三十四年勝利後。此一期間均居江西瑞金，惟因工作關係，亦多次遷居，或居鄉、或居城。三十一年秋先母及兩妹由淪陷區間關前來，歷盡艱險與先父團聚。祖援亦於三十二年冬至瑞金省視雙親，並與內子戴湛然結婚。曾於三十四年勝利前後兩度至瑞金探省。

三九、本卷計十二題四十一首。其中「山居吟」四首，係居於瑞金之月光丘。詩中敘及種菜、舂米、劈柴，飼養雞鵝，備見真切，歷歷猶在目前。先父在此一艱苦生活中仍不失其仁心與雅趣。如所飼鵝隻均各賦有雅名，過年又不忍殺食，乃令姑嫂牽往墟集鬻售，易禽而食。內子至今仍不忘此一靦腆之趣事。

四〇、卷十凱音集係在民國三十五年至三十六年初，抗戰勝利後復員至定居江蘇常熟期間，重操律師職務，並兼教職。本卷計十七題二十六首。

四一、其中「援兒自紹興電告八月十三日生男喜賦」一首，係在浙江紹興誕生長孫，因其地取名曰越，舉家歡欣情形，躍於詩章。此子目前為吾家子孫輩中，唯一修習法律繼承祖業者，亦不負祖父為長孫賦詩寄以厚望之德意。

四二、卷十一逍遙吟係在民國三十六年至三十八年期間，復員後定居於常熟逍遙遊張君別墅。此時先父重執律師業務，並執教省立常熟高中。兩年餘生活較為安定，直至三十八年六月始遷居滬市。本卷計二十一題二十四首。

四三、朱初民將軍，江陰人，保定軍校畢業，彼等前輩將軍，多係與先父青年時志切革命之朋儕。

四四、范耕研先生，名尉曾，又字冠東，國立東南大學畢業，國學根底深湛，為省立揚州中學之名師。其昆仲農研，名紹曾，又字慕東（習數理）；耒研，名希曾，又字稺露（習目錄學），亦均為同校畢業，名噪一時，有淮陰三范之稱。彼等與先父係姨表兄弟，私交甚篤。其曾祖父范冕公係前清拔貢，文學修養極深，又以詼諧幽默，著於鄉梓，詩詞謎語，令人稱絕，曾為先父業師。

四五、周子興先生，邑中名中醫，信奉回教；沙亦恕先生亦為鄉人，均與先父友善。

四六、卷十二有客集著作時間未詳，可能包括抗戰前後作品，本卷計十三題六十一首。

四七、朱復全字馥泉，江蘇省立淮陰中學畢業，後入軍校十六期政治科，並在研究所深造。曾任第三戰區子弟學校校長、專科學校教授、訓導長等職。此詩概為民國二十七年朱女士在軍委會戰幹第三團受訓畢業時所作。

四八、卷十三酬世偶存，著作時間包括抗戰前後均有，係屬先父本人或為人代筆之應酬文字。全卷計九題十六首。先父撰寫之詩詞、文賦、聯銘等應酬文字甚多，惜均散失，僅存此數篇。

又其中第七首「戴太君八十壽」中第九句第一、二兩字，似應為「艓」字或「觥」字之筆誤。

四九、卷十四劫灰攟遺，均係抗戰以前作品，先父在戰前所作詩文甚多，惜因烽煙散失，至為可惜。惟其資穎過人，凡所作詩詞，或與友人唱和中較為欣賞者，均過目不忘。此卷僅錄有十八題二十首，想為較得意之作。

五〇、禹王臺為淮陰城西名勝。

五一、趙園在淮陰城北約十里之小營鎮，主人趙玟叔丈，以藝菊名噪蘇北，每年秋日，菊花盛開，品種繁多，令人目不暇接，前往觀賞者絡繹不絕。玟丈三子，守之先生與先父大學同窗。玟叔先生於民國二十五年逝世，祖援曾代表先父前往致祭，時鄉先賢吳公仲谷為其主持「點主」禮。

五二、《秋懷室淮陰風土記》係邑人張須侯先生所主持編著，彼與先父大學同窗至好，多年執教省立揚州中學，國學根底至為深湛，此書參與執筆之先賢頗多，並係由先父與范耕研先生負責訂正。

五三、鍾　錡先生、字旆青，原籍浙江嘉興，其父輩在淮陰為宦，乃留居於淮。與先父大學同窗至好，詩中描繪交遊情景，躍然紙上。同在淮陰執行律師職務，甚具聲望。

五四、祖聲係同宗堂兄，生於民國六年五月十九日，較余長十天，童年常住吾家，時先父任職南京司法行政部，由其隨侍前往。後入軍校十六期，曾服務軍旅。

五五、徐子長先生，淮陰人，名小學教育家，時任南京市立雨花臺小學校長，與先父交誼頗深。

五六、陳海澄先生，江蘇阜甯人，與先父大學同窗，歷任立法委員、立法院祕書長。

五七、太蕤部長係當時司法行政部長王鴻賓先生，先父對其所賦記遊山川各詩，唱和頗多，深得其讚賞。

五八、卷十五采風話語錄，係先父採集之作品，或為知友，或為賞心之作，而前數首多係為先父題畫、題書或唱和之作品。全卷計十七題三十二首。

五九、聞溥先生，字漱泉，為前清舉人，鄉梓名士，辛亥後曾代理淮陰縣長。

六〇、「復廬隨筆」為先父另一重要著作，戰前即已竣稿，並由表姊夫吳引蒼（字揖張，表姐程恆，字竟成，係二姑母長女。）以恭筆正楷謄正，惜未攜出而燬於烽火。又陸武字嘯吾，為先父大學同窗，執業律師。

六一、喬國楨先生，字伯瑤，為鄉梓名士，曾任民初參議員。

付梓後記

先君初諱幹臣，民初改名立堅，號耐寒。一八八九年生於江蘇淮陰，一九六八年去世，享年七十有九。先祖曉峰公晚清服官，清正勤廉，壯年謝世。先君髫齡失怙，家境清貧，寡母孤兒，相依為命。先祖母劉太夫人，系出名門，知書達禮，慈祥仁愛，懿德聞於鄉里。辛苦持家，望子成材，勉力從名師拔貢范冕（字丹棱）前賢受業。此對先君一生，影響至大。及長努力向學，刻苦自勵，故自起名號，皆以砥礪志業為先鞭，迨後學有專長，家聲祖業亦得以稍振，乃自號復廬主人。

先君青年時期，正值清朝末葉，政治腐朽，民不聊生，列強侵迫，國族危殆。孫中山先生鼓吹革命，民智漸開。先君在故鄉率先加入同盟會投身於新潮流之中，常執筆為文，投刊滬上先進報刊，因而得與革命諸前輩時相神交往還。

民國初年，江蘇法政專門學校在南京成立，並在淮陰設立分校。先君考入該校首居法律系深造，翌年併入南京本校，畢業後即返回故鄉，執行律師業務，並在吾鄉名教育家李更生先生創辦之成志中學兼任教職。時司法制度開建伊始，淮陰設置高等法院分院。先君與部分法校首居畢業同學，對辯護士制度之建立，法制之健全，人民權益之保障，貢獻良多。先君秉性公正，疾惡如仇，為人仁厚，多年來承辦案件，平反冤屈者有之，調解雙方息訟而不取費用者亦有之。以是之故，聲譽日隆。

抗戰前數年，先君奉委至司法行政部服務。抗日軍興，余隨侍先君西趨武漢，初贊戎機，任職軍委會戰幹三團祕書。旋服務機關改編，調任軍官學校三分校祕書，繼任教官，講授法律、國文等課程。抗戰勝利後一年，復員返歸江蘇。初居常熟，繼遷滬上，重操律師業務，並任教職。晚年得返故里，頤養天年。

先君少年國學根底深厚，青年時期受中山先生革命思想薰陶，茲後廣讀博覽，故文思迅捷，好學強記。民初之際，先君年青力盛。執行律師業務之餘，創辦江北日報，採訪、編輯、言論常兼而任之。此為淮陰一帶首創之日報。民國十年前後，軍閥割據。頃獲一重要消息尚未經證實，乃以記者身份走訪某部幕僚長。據稱確有其事。先君詢其可否借電一觀，絕不抄錄。執事者以電文數百字，匆匆一閱，諒亦無妨。不意翌日之江北日報，竟全文披露該電，隻字無訛。

先君多年來尤好吟詩填詞，隨口吟哦。抗戰八年，艱難困苦，吟詠益多。無論詠史、詠人、詠事、詠物，甚至唱和應酬皆顯示其正心誠意，光明磊落之至性。至若思鄉、懷友、勗勵後進，則又流露其仁厚純樸、感情豐富之至情也。發抒於詩詞中，無不溢於紙表，感人至深。

先君一生，詩作極多，惜抗戰期間多數失散於故鄉。此集係其晚年手自編選，正楷謄清，共十五卷，計三百零五題，五百六十五首。為助讀者瞭解寫作背景，謹就所知者於卷後稍加註解。嗚呼！先君謝世十有八載矣，遺稿今日始得付梓。此先君之夙願，亦人子稍盡孝道之意也。爰為之記。

復廬少主**邢祖援**謹述　七十五年五月二十九日

耕研吾兄惠鑒　接書誦悉久遲因循未報至深歉
疚弟比來來往往京吾兄所表甚偶余弄翰不自藏拙華
墨荒蕪一至於此乃不見哂蓋緣魄而無昔年塗抹嘗有
所積舊存故里盡毀於戰役經濟漂沒誠可痛心流浪
中原隨所遇作詩約五百首數多雜亂已三首既已訂抄為
十五卷今曰渡淮集曰三家吟曰漢皋集曰鳴雁吟
曰黑羊谷樓稿曰寄兒新語曰望溪集曰園北紀
行百首曰山居吟曰凱音集曰直道吟曰有安集曰避世偶存
曰劫灰擷遺曰秉風語雨錄縱不盡為泥爪於詩人十未敢問世
聊以自娛而已如有佳興乞賜序言　弟笙頓首

年誦朋稿詩見示以當楷模之字風不礙形上尤甚新章
國文發成通稿與同學子十四名嚴張之習而求準上者甚高
是後動向如何極縈注念年來內外集於一身帶病
而相思心情索寞不已以安為一似宜讀經詳於調一節百疾
之二三十年如一日鹿罷大弟求長書有年屢門外漢將以世道為
娛自游女身以來為我計未以為然居屢見性之冷
言以告服務十年依舊一官妻子不諒堂家七瓶羞寒
自慰近調光華學校任副校長從事教育地在南雷蕩
山生活較為安定知注之甚仍希　時惠教言為書懷
道祺
少弟○三堅　去　五月一日

尉素老兄吟壇：前讀大集，忽已逾月，
馳進為冗務牽纏，亂蹤遂致有負盛
特。兄誠憐而知有解，莫定此詩之
所以耳，憾郡數逕而擱佩再四，
實甚可太勉強，一目妥有所擇，不
能自信，聊供參考耳。本擬作一小
跋，以撥冗不能，容寧續寄耳。尚
祈諒之。前作十一幅，並此謝，請
箸安　弟耕研頓首　四月廿日

附錄三　《復盧詩草》感賦

其一、於書肆中購得邢文耐寒先生《復盧詩抄》展卷悵然有作

駱勉

晚歲頻將杖履親，風霜催老苦吟身。
去京猶未忘憂國，避地還能樂濟人。
屈子離騷情怫鬱，杜陵秋興句清新。
回頭卅五年間事，道貌音容記尚真。

其二、讀《復盧詩抄》感賦二章

金鉞

一、

哀豔詞章屈宋尊，辛勤著述擬龍門；
雞林夙負文章譽，昔日風流幾輩存。

二、

古貌清臞舊隱淪，桑麻雞犬自天真；
展仰遺型增悵惘，幾番憑弔獨愴神。

第二部

小南華館叢譚

淮陰邢立堅耐寒著

小南華館叢譚　目次

序言

「小南華館叢譚」，多為　先父於抗戰期間，旅居贛、閩、皖、豫等地見聞之雜記，審其內容，則以詩詞為重點，約於一九三七至六〇年代之著述稿。後於一九四六至一九四九年居住常熟逍遙遊別墅時，再重加整理，故以《莊子》逍遙篇而定名為《小南華館叢譚》、《葛源叢錄》、《復廬聯話》等篇，惟均未成卷，且與前者頗多重複之處。判斷可能係將後三種重加整理，併入叢譚者。

先父文學精湛，尤工詩詞，博聞強記，每於賞覽山川名勝，古蹟祠廟或遇有碑碣書畫，必流連往返；舉凡誌書傳略，詩詞聯話，亦必詠誦再三，隨手抄錄；至於掌故事跡，聞人講述，亦多筆記編撰，累積成卷。故其不僅喜愛「隨筆」，實亦為其所擅長。

先父早在一九二〇至三〇年代，即撰有《復廬隨筆》六大卷，其中蒐集資料，至為豐富。由於其好學深思，悉心蒐集，博考詳記，不僅留心志乘之學，尤能廣羅鄉里傳聞。其著述目的更以勵名節、勸忠孝、廣見聞、資談助為宗旨。至受閱者稱道，譽稱：「蔚為奇作」。惜乎全稿於抗戰期中毀於兵燹。　先父生平心血毀於一旦，痛心疾首，可以想見。其經過詳如本書首篇所記述。

鑑於上述無法補償之遺憾，乃積極蒐集其餘遺稿。幸於一九八三年初，象超將歷經戰亂，尚能倖存之　先父遺著《復廬詩草》十五卷影印稿輾轉寄臺，終能整理付印，分贈國內外各圖書館與愛好文學人士。略償先父遺願，聊盡孝思，於心稍安。

一九九一年發現，　先父於一九一〇～一三年間受聘為于右任先生在滬主辦之「民立報」特約訪員，曾先後在該報發表通訊稿二九〇篇。經祖援在中央圖書館查及此項資料，當予分批影印剪輯，再經象超整理編輯成為《辛亥民初淮陰見聞錄》一文，於一九九二年六月，在《國史館館刊》復刊第十二期發表，並抽印成冊，分贈圖書館及親友，現亦彙編於本書

「第三部」。按此一資料，頗具文史及新聞價值，對當時蘇北之社會背景，洞察入微，可供爾後研究之參據。而此項散佚之文稿，能蒐集編輯發表，恐亦非　先父八十年前始料之所及也。

《小南華館叢譚》等文稿，係於一九八七年續在　先父遺稿中所發現，經托故舊將原稿帶美，期能轉交祖援處理或珍藏，未意久無音訊，後經一再查催，始於一九九三年春輾轉寄臺。經一再覽讀，仍感部分文字艱深，且未區分段落，加註標點；益以淺漏，仍有未盡融通之處。再經祖援與象超數度斟酌，勉力整理完稿。

按原稿既屬隨筆範疇，包羅自較廣泛，然窺其重點仍以記述詩詞聯語為主，兼以山川景色、神異傳奇為輔。除以原著《小南華館叢譚》為主外，其餘三種非重複部分，亦增選十四篇累編入內，合計六十篇，以求完整。

先父原稿係以十行紙毛筆抄寫，行款整齊，筆力萬鈞，原擬重新清謄或逕行排印，以求清正。惟顧及原稿之中間有行草不易辨認者，將來校正難周，《復盧詩草》已有前車之鑑，於心難安。再四考量，以印行數量不多，且為永保先人手澤，當時決採編製目錄，增列標題，加註標點，影印發行，以求紀念流傳。

嗣後，象超又將《復盧詩草》原稿帶來臺北，為補救過去排印所呈現多處之錯誤，並使前述三種著作，能永久保存，以廣流傳，特彙編為詩文集，儘量用原稿手筆影印，以求真實完整。

思及 先父母去世，已逾三十載，追終慎遠，古有明訓。孔子曰：「夫孝，天之經也，地之義也，民之行也」。由於戰亂頻仍，骨肉分離，未盡孝養，愧悚如何？幸兄弟姊妹，均能各有所成，立足於社會，孫輩十二人，曾孫輩十人，綿延繁衍，謹遵忠孝家訓，各盡良知。大雅云：「無念爾祖，聿修厥德」，聊慰先人於九泉也。

祖援 象超
祖芳 祖頤 謹述

一九九三年十二月二十八日初擬（癸酉年十一月十六日父親一〇四歲誕辰）
二〇〇一年十二月三十日修訂（辛巳年十一月十六日父親一一二歲誕辰）

一、復廬隨筆

小庸華館叢譚

淮陰邢立堅耐寒著

戊午己未間，侍養北堂，不復作遠遊之計。而二三朋好晨夕過從，往往清言送日，於鄉里往事，朋儕舊德，每引為譚助，樂其回甘。益以見聞所及，徵訪攷證，輒筆之簡編，積久成帙，決為『復廬隨筆』六卷，以貌正於同邑吳仲谷丈，報書獎勵，而紆譽綦隆，實多所匡益。同邑張留一便學兄留心志乘之學，一見稱許，錄為序，有「不拔於物，不累於俗，豪於以文辭自娛，而麗且有高世之志」。　雖不無溢美之言，而亦可謂知言，愚亦不敢自足。丙子冬，吳江錢太史存雁師歸養故鄉，復郵呈請益，辱不見鄙，嗣承賜誨，慫恿付梓，因循未果。適抗戰軍興，倉皇出走，未及携行。邑中裁经兵事，犹教戚年收藏，终以为水浸湿，不可辨识。其未编订者，有「茗边閒话」二卷，「讹者」若干篇，同罹浩劫，惟存雁归序文，说见杭州陆水宸学兄要诗，承高桑旧存行箧，幸获保存，检视一过，怅惘万端。然片羽一鳞，益见师友之娟勉，许氏序也。序云：「吾友邢君耐寒，淮阴绩学士也。民元以还，尝入京肄业法政学校，其时余弟强斋适执教鞭共是校，日与君上下其议论，而余踵至，因是得识君。民二，余以病归，继同君学成后执律务，为人造庭论狱，无不折服。既而厌之，弃去，潜心翰墨，结嘤鸣诗社于淮上，一推雅揭风，极一时之盛。今复征文考献，拾坠徵微，成「复存遗笔」六卷。举凡邦国掌故，闾里旧闻，先辈之所流传，友朋之所錄凡一話一言、一名一物，可以勵名節、勸忠孝、磨廉隅、資談助者，靡不悉心採集，博考而詳記之。昔商邱宋牧仲氏嘗論士君子著書立說，必人品高、師法古、興會佳，斯出言雅馴，足以信今而傳後。若君是編，庶副斯言而無愧。今夫虞初之志、檮杌之言，未嘗不離奇怪誕，務聳人聽聞，而考其中要皆掇拾浮詞，毫無故實，君子不取焉。夫惟蒐采群籍，搜輯叢殘，列前賢祠，更參碑碣，均足與乘志相表裏，存文獻。是以登高能賦，可為大夫；樂採土風，不忘故國，考徵舊聞之有裨於人心學術，蓋由來久矣。而況淮陰為縣，襟帶江河，漢唐以來，號為人文淵藪。今得君采撫文獻續之交，滄海橫流之日，憑弔古今，訪求勝迹，攄懷舊之蓄念，綿父老之遠，同雪簑寒雨孤釣，並尉為古人作，豈不偉歟。所惜龍齋逝世已將十年，不及白頭兄弟挑燈共讀，每至佳勝處，相與浮一大白以欣賞之，而獨自操筆以應君請，序竟不禁為之惆然云。丙子大雪吳江存雁鐵崖葉盛。

題云：高文典雅輯叢殘，酒後茶餘仔細觀，讀到有關名教處，敢同說部等閒看。漫言忠孝總無憑，文獻流傳尚足徵，值此斯文將絕日，徵言歷歷賴君能。丙子大寒後一日，洪西水痕同學弟陸武拜題。

雲郎張文凱孝廉，少讀書獅石山中，夜有女子款扉而入，修蛾曼睩，遂相燕好。自言秦姓，小字夢蘭，每以詩文教課，自是學益精進。父覘其異，亟要之，詰其孔，一真人。未及遂，而女已覺，罵

酒与訣，別緣去矣，君芯樓中人，殷勤每逢琴垂，後不復至。未幾
登賢書，繾綣低回，日夕不置。爰集唐人句誌悼，或曰女羅
浮浮翡翠也。事雖不経，詩托為人傳誦。一、華凤飲夢睡初醒
何處每花年又夜涛，忽憶故人天際去，幾回欹枕不勝情。二、与子相
逢俱少年，酒醒人困落花飛，天涯何處花芳草，無尋處，回首西樓又是
暮煙。三、紙帳無灯冷繡幃，遣乎膩粉信相思，何时最是思君
處，秋雨梧桐葉落時。四、雲想衣裳花想容，亭亭自昇又見綠陰
空，珠箔籠懐人何在，惟有垂楊帶晚風。五、遠山垂畫亂雲浮，
独对金波詠の愁，天上人間何處覓，夢魂猶自逐中流。六、風流
可愛憶當時，小立圍珊紀步遅，今日翠屏春夜長，黃昏微

三、瘞鶴銘

一雨晝冬催悽。七、十年終日苦相思，那更吟君惆悵詩，風景不殊人不見，淚煙疎雨落花時。八、金粟纍纍萬斛香，教人空自憶覓裏，十年別淚知多少，離恨空隨流水長。九、消消風露作深秋，殘夜花明月滿樓，莫去倚闌添悵悵，煙波江上使人愁。十、蒲柳蕭疏白露溥，愁人倚月思無端，何當重上西窗燭，細訴相思月滿闌。余曾得福田寺高樓晏望詩，有十疊詩心翡翠宅句指此。

王雨岑姻丈，藏瘞鶴銘殘字，為焦山玉峯庵主僧鶴洲拓本，以高麗紙零拓，轉求拓本及陳滄洲舊寺後面拓本為贈。丈敘述甚詳，輒置其簏中攜以自隨。戊寅來金，經漢皋，得以披覽，題跋甚富，

汝曰琳琅。如瓶居士吳灤齋跋之云：丙辰冬，余渡漢江，於壬子雨後今廛上，
覩瘞鶴銘拓本，凡八十九字，甚爲驚異。攜歸細讀跋語，云此銘
原刻於焦山，雷轟後落于水，山林藏本墜，經陳滄洲先生洎徵州上人用
東洋紙摹拓，神妙畢現。考集古錄，唐孔武臨作指亭東鄂州江中心
島上，李陽冰銘而篆之，剝蝕殘垂而銘之，世稱三絕。友秋之墜爲江
水所沒，人不易得。況茲銘歷二千餘年，而完好若此，其寶貴當何如
耶。書意成二十八字：龍跳虎臥遺山靈，瘞鶴當年有舊銘。一字
應須千鎰值，人間不數換鵝經。甚崇煌石樵跋之云：丙岑仁兄一回
攜是銘來，見余索題，余酷嗜是銘久矣，憾未能臨摹成熟，惟
前清武昌張廉卿先生書是銘，純以天神，龍不借，仍其安也。嘻，廉卿

而外更有何人。丙辰冬至前二日誌於夏口模範學舍。皖江方毓潢叟
云：予在長沙見徐氏所藏本於東，字跡雖古，先輩題記，臨川李氏
所藏者仿彿相似。今觀此本雖向有漫漶處，而精神不在徐李兩
本之下，謹誌以資考證。雨公今見吳晉藏之。梁茝鄰公題云：楚
尾妻閨綠陰晝靜，小極杜門，對此忘倦，因憶前年與柳子翼謀
同遊仕山，手拓殘字，集為銘誄。今昔之殊，故人遠別，良用惘惘。
癸丑四月十四日書於金陵三條衖寓齋。又題云：雨公今先生屬題，約不
欲書久久未報。擔病家居，長日多暇，展讀一過，恍若置身江清激
灔間，泠然無意遠。梁敘直三日識。桐城方雨題云：今年過京口，結想
吳金石落，不能築室，歸來散落寶。大劫去，龍蛇空江渦盡者翠對此

披榛，多在焦山麓。聽猿山人吳惟熙，拜似詩之云：兩出合先生以老友黃紹基之介，出眎瘞鶴銘，較甲辰在匋齋幕中所見徐氏藏本更覺完美。辛和方君雷及濰齋大令謨甫不吝錢，天性耽金石，翰墨契神交之，蘭欣文字。浩劫歷風雷，堂之碑碣太金石，御敎宦游身，夢相依焦山麓。風霧呵護仗神靈，千古雷轟剩此銘，淵懿之中藏哉模，滄洲文字鶴洲銘。文同令余作歌，珠玉在前，內顧滋愧，吾述其意，乃敢以詩進。

焦山麓海雲莊，若雷門若天閣，悠悠千載下，欽與擅遺墨。緣天通俾支雅，敌上乘品，更兼鈍千錘功，赫蹶充古媚。卓哉鐵城翁，最舞羅腹笥，摩沙千萬里程，題之遍瓊瑤字。江漢瑞雲陰，中有嘶胡騎，辰來之幾沉吟，目斷江南寺。

余從金輔丞，以都司爲漕河總督轅下材官。時彭玉麟以長江水師提督巡視防務，師次清江浦，駐節河上。漕督張之萬以山水擅名，筆書之暇，不廢繪事。平林遠壑，自成蹊徑。聞彭至，遂以團扇一柄，饒之，寫疏木寒山，瓊枝素宇中，竹籬茅舍，一隱士，臨窗執卷，令做五意遠。彭字雪琴，嗜示共旨。命金齎往，彭枉費數筆，果上肯邊勝書言一幅，乃左書絕句以寵來使，詩云：「醉來拔劍斬珊瑚，回首侯門是畏途，五夜聞雞眠不得，滿城風雨讀陰符。」寫作俱雄奇，堅拔蒼勁，引爲異數，視同瓌寶。金下世不及十年，已入古要，手澤後爲徐笑塵所得。滄桑數更，又不知流落何許矣。

烏華山在瑞金府東十五里，怪石嶙峨，雲湧壁立，虎踞獅伏，萬松遯護，幽邃深窅。不羨林同有偈，禾若自開山，號曰松賓菴，世無松賓和尚。菴有樂嵐峯、松雲垂、雲屏石、白翠洞、救病盤石、石鐘、棲嵐淨亭、去月台諸勝。歷歲與長汀黎士宦筆，成方外交，日夕過從，有集行世。其黃山云峯多峭露，石筍剝蝕，松嘶寒濤，猿雨圍洌。一、望月砌下，煙霞四醺，猿鳥送伴，衣履白雲。二、是雲霧橫吹，是以飲泅波浪，湧煙鋪，瞬目瀉瀲。三、空山前葉，雲鼓風行，鋒鐃相吹，彼長生。四、蘿射茶熟，洞泉烹啜，云徹店出巖，壑向月曰高思累，鐵笛吹倚然。餓心似出石，饑木石近十方人。離茶入蒼翠，胃溼古煙鈿，此心不敢言。憑思於巖欹崎，鍛秦砭鋭，鋒芽老產葉枝葉，仍穎然吹，揉作理幽光，與性識華焯，今於三月廿一日圖暢意。提數詠列泉，活火激相試，松竹翳鬱氣浮，未飲心已醉，况值坐春林，雜花點青草。多謝老黃荊，使世韓同異，直是花落孤，庶或解余愧。甚無心禪悅，當不以吟哦爲礙遂也。

六、沈瑚珷詩竹

山陰沈次瑚珷，鍾蒲青之孫婿也。隱居吳郡紅板橋，深通內典。暇時寫花卉，頗具靜逸之氣。嘗爲余畫竹，係以詩云：植立瓊枝葉，有陰，堅冰耐以歲寒之心，除能片石稱知我，蒼蒼雲寰孰賞音。隱寓余名字，甚具巧思。余報以詩云：莽莽塵寰裡，惟公獨辟支，蕭蕭風雨夜，夜夜兩三枝。高節竹君子，虛心是我師，何時臨勝地，杖履敢追隨。

七、合肥袁和尚

合肥袁和尚，少無賴，洪楊軍興，糾合里中少年投効軍門爲裨將。

辰龍肆毓梯苗沛霖為十八將之一，勢甚張。淮軍統領周盛波，率与有郎勇之親，一日兩相對壘，睽隔多年，而音貌猶似。往敢周故道之，至山僻无人處，好言道契闊。周殷殷勸降，笑曰：無事當降圖。明日復臨陣，大劍淮軍。袁帥置酒慶功，代將當列座，欲呼縱飲，半酣，甲士出複壁中，擒十七將斬之，苗勢遂寢。夜遁開封，周上其事，廉官之，不許，賜以金，又不許。事定歸里，以一園贍，輒見憶，十七將人何之崇元，終身不得安寢，懨懨困備，患家居紫蓬山，山有李陵大王廟，只三楹，不知祀何神，歲久亦傾圮。袁遊山中，見劍下臥極甜。寤入寐，恍見之，一覺逾三日，久佃田，晏哉睢手，但之歸，則崇元亦故。遂祀袁廟中，為開山祖。周盛波為擇地，

八、輓虞都李菊潭聯

廟後建西面樓，法顯昌同，盛並傳之，藉供其名。

己卯暮春，薄遊雩邑，小住經年，因識二三耆舊。如羅鐵秋、蕭雲詠先生，皆鬚眉皓然。而李菊潭壽坤先生，尤朝夕過從，銜杯共話，結社聯吟，殆無虛日。自從人事倥傯，輒離吾寧，羨向鶴翼，徙遠，無間邂逅。甲申冬再遊茲土，殷殷話舊。越一年，而菊潭其音杳矣，不勝黃壚之感。爰撰以聯云：「懷昔橘柚飄香，征驂暫住輪，墨結因緣，聯句唱酬，無逸興之遄飛，五年來聚散無端，風雨如潮思往事；」「滿城芙蓉淪塵土，松蘑舊地再遊，壺並觴話衷曲，策杖直逍遙，喜故人健在，一別後音容永逝，江山何處弔吟魂。」文情雖合，奇辭難遁，甚乎年生。

九、曹雨群贛居詩

十、淮安趙冠三工文善畫

曹雨群有贛居雜詠，寫物寫懷，然個中人不能道。一、「七鋪秋光被遠山，今庭樹猶展半池陰，黃鸝老去風枯澀，只傍高枝試短吟。」二、「當簷椿樹經何年，葉繁枝蓋一天，蟲鳥作家甘作客，信教寄鶴不論錢。」二、「去來曾雖美人蕉，一兩經秋歎鏡抽，以紅蓋仍自訝，應知花葉亦年聊。」三、「庭當有鳥不知名，孤宿群離樹亦近人，何必當前通鳥語，此心能會得相親。」四、「秋陽何事苦相侵，破壁生風來兆曉霜，一葉倉皇投舊愧，被風吹去已難尋。」五、「籬邊自透繡緣飾車收，促織瞿瞿聲獨悠，殘織法歡秋不許，秋未織以是清愁點

山陽趙冠三冕，工文善畫，蓋以父困場屋，樹幟不得士，流於狂放，玩世不恭，有求其乞寫便面者，為畫一雞，旭生籠與，乃彝兔解

十一、先君曉峰公像及題詩

之一鬼持傘為前導。吳道云：是須手其嘴，執手大腿，藍色蓋高張耳，以嚇鬼。蓋此法制夙至西藏初創，而今已失靡，出行時初得張舊傘以至張藍色傘，故以此諷之。

在臺所藏先君遺象橫幅，為四十二歲時，客贛省府隆明府幕中，倩江右名家所繪。幅中春水池塘，桃柳爭艷，先君著月白單袷，手素摺扇足。大兄方六七歲，扶書卷以從。長髮與奴捧瑪瑙盆，盆中有魚假水際，洋洋自得其樂，甚得之。嬰兒甚多，僅憶王五七兩律，出諸椎氏之筆，今不復省記，不盡與濠梁之意。惝憶所天間來桃柱外小立柳池邊。又使鶯鳥吞餌，不教躍在淵，然魚從還秉訓，課罷自攜編。一天地生有德，因生之長人，律仁同有情。魚躍戈飛機一道帽，衣照柳瑞景

十二、固始王懺生詩

逾清。若養珍解絪縕三曲，雅子能文，亦吉城，救蝻埋地，行樂了，門閭日日盛，子孫榮。」己卯城陷，書籍膏無一存，揆幅俱佚。

固始王懺生，守毅，以孝廉宰蜀中，時值洪楊之役，毅然從兵革鋒鏑餘生，年七十始解組歸。著有「淡湖草堂詩鈔」二十卷，由負澄清之志，以一命終其身，因寄牢騷，一託於吟哦。集中多樂府，及「派筆議」、「稱料箭」、「西吳行」、「支更歸」諸什，不失風人之旨。惟好用古體字，未免矜奇之習。其「破廟」云：「破廟無歲月，推年薄日暮，松影偃萬葉，影鬚髮塔尖雨路。野老自息竹籃輿，荒砌留者行步，隨指言古梵王宮，尚有白雲護。古佛換金裝，形骸坏鐵鑄，瑠璨蔓石瓦堆，更令言詎可數。相當年盛時，俱是雨花處。每何手摸廚，暴露缀衣瓶。每年迭神罷還，哀天宅雁鳥

度，蛾睩纔贏偏，鐘乎拋園枯樹。里居有怨登一曲，銀錨索銀風。」寄兵後
草物，隱刺時政。」蒼湖歸思」云：別山淮水一城孤，雉堞紛紛似畫圖。仲田
征鄉亭故點，一寒花寒臺徑雁浮湖。」一曆天繁華歸嬾直，浮雲世界等笑
還賢半，安居砥待澄清日，除是蓮花作替身。」二戰鼓聲殺，亂樂停，
岸鶴聊復坐春晏，歸舟一鼓滄浪興，城外群山列畫屏。」三後門恰
對後湖春，去郭程三間映碧虛。冬雪夜乾春水綠，年年湖水長鰱魚。」四
桂花飛遍菊花秋，城北城南憶甚遊，況值漆家新酒熟，一綠董紫蟹。
約登樓。」五湯鋪春石淨無塵，日日登場擁萬人，朱橋橫書手，」七磯
不飲龍爭，火祀茶神。」六碎雨零煙日日愁，難禁小庾說風流，水香逼畫
今明在，哀柳紅橋憶故侯。」七數詣城南水竹鄉，柳誇奇盛壁，況盈齊，

負了虛藏人空老,亦憐先生合斷魂。」八「沽酒難破阮郎愁,散天揄錢買去留,瘦却玫瑰花一架,綠繼紅杖數竿筷。」九「七十還醫七品官,墨生相我剝法宅宅,如今老健同張果,蝙蝠歸來世界看。」十「十大難何堪墮劫中,我經三度過厲風,自憐自嘆兼幽笑,虎口餘生折臂翁。十二「暮年感唱,徒嗟身世之飄零也。

有貧士者,混江湖,衣裳襤褸,曷過一村塾,塾師輕之。曰:子既儒生,必解吟哦,能為詩乎?應曰:能。塾師因指壁上一童子指針裝書,因指為題。士應聲而就,可憐腰上無雙眼,只認衣裳不認人。師曰:此偈無一字,復指吸水葫蘆紙煤為題。士笑曰:此何難?人情清淡有其無,不用吹噓不借光。案置數灰書裏,曰更吟此何為?曰:家書底怪出喜間,自有床頭又燄人。即喻女誦之也，祀畢過而謝之焉。

十四、輓徐寶山聯

徐寶山以草澤之雄，民初崛起，虎踞江淮，有叱咤風雲之勢，當道頗忌畏之。以性嗜骨董，收藏甚富。一日有難發者以古瓶進，檀匣精巧，言為希世之珍，函一啟，發視方納鑰，焊綫之從牝中出，擲地反奔，而東轟然一聲巨響，一世之雄，遂戕於座。事後廣陵各界追悼於公園，白龍曼衍，盛極一時。方地山孝廉為書門聯：「潦倒酒杯，來去都為帝室」；「凄涼寶劍，何處更覓侯君」。其死去平生事蹟畢肖也，包羅貼切，甚甚括之甚遠，足擬一代佳構。

十五、豫西虎蛇

豫西多深山，有虎為民患。獵者苦其潛出，後察虎跡所經處伏敗坑中，手負鏡以伺。未幾，狂飇撼石，巨虎驟至，至前見鏡影之。

虎暴怒，搵撲獵者，知不免，而竄匿無蹤。返步欲去，不數武，有巨
洞露岸腳，急不暇擇，遂投其中。洞有蛇若修纏方蜷伏，將的一
驚起出洞，與虎遇，嚙之，遂搏鬥，聲震林木，良久，纏虎頸數匝，愈
束愈緊，虎氣垂盡，卒為所斃。蛇亦委頓，夜將旦，始蜿身返穴。獵
者意必為所噬，徬徨無計，憶腰際[illegible]素蓄硫黃，尚餘殘葯，
幸火種未滅，遂揉身置洞口，候將入，燃葯以推之。頃轟若巨雷，遂昏
然莫省。比曉，行人經此地，覩叢莽披靡，一虎斃道左，巨蛇
首碎臥，遂邏洞口，煙硝之跡猶存。詳詢始知獵者，面目黝黑，眉
髮焚燬，舁之出，就近村人家灌以湯。尋甦，歷述所遇，旅人取虎
蛇歸，貨諸肆，頗有所獲。歷年載，始痊。從此面頰斑駁，然筆墨深

入肌理，以終女身。

羽泉，在上饒城北茶山寺。相傳唐陸羽嘗寓此地，即山種茶，品此泉為天下第四。作井而傍山，色白味甘，是為乳泉。以土色赤，又名茹支井。湘潭唐世徽詩云：「生為茶經累，寄蹤竟於揭，物亦何辭山，豈初非喜空山裏，占得寒泉雪一泓。」寺有七賢書，清推官蔡士宏撰四獨清聯云：「千年舊蹟存前哲，一掬寒泉付老僧。」丁亥冬，余遊茶山寺，因陵墓伏岩塌壘之，搜剔殘碣，明代古墓甚多，而婁妃墓尤饒歷史意義。（為明寧王宸濠妃，有賢德，濠叛明，屢諫不聽，卒敗，妃是人）寺中舊宇僅存三楹，自泉幽依然，一石闌鐵箸古，源清流潔，甚適健。

十七、擁鼻逸叟

碩洛生，自署擁鼻逸叟，工詩書畫，行年七十，而筆姿益秀，丑羨仙葩。嘗見為人書箋，是漢仙學絕，似其少年作：「謹嚴瓊樓歸太長，夜宅風露浣衣裳，袖中贈有壺公散，三十三天不戲手」。「一路渴仙濮一語通，蘇來八尺玉屏風，緣何倒把吳剛斧，斫作珊瑚到處紅」。「自從別卻郗鞍，摩天曼倩歸來遲，隔年偶訪玉卮翁，祇字誤作一騎來精賦」。「洁戀狂奔之不群，如何又為艿為書文，女仙玉食老人亂，好錫嘉名在九畹君」。

十八、孝烈將軍

商邱營廓鎮，為木蘭故里，有祠曰「孝烈將軍」。按府志載：木蘭魏氏，改裝事露，帝欲納諸宮中，木蘭自盡，帝驚憫，追贈將軍，諡孝烈。與古樂府「木蘭辭」及「獨異志」大異，當必有所據。王樾生秉鋒，商邱有題壁詩，如「犀玉月明珠帳冷，風冷翠旂，氣雄銀襪襠，面

十九、常熟徐式耜詩聯

藪翠焚香龕，長年垂繡幕，小剎閒琳宮。詩句語與古人合。

瞿式耜，常熟人，以簪纓世胄，早登巍科，為錢謙益弟子。錢與瞿偕在崇禎年間閣臣被陷入獄，瞿盡救同繫。後清兵破江南，錢失節迎降。瞿時為桂林輔永曆王，師弟遂殊途焉。自後其戰不利，為孔有德所執，誓死不屈，遂遇害。其絕命詩云：「從容待死與城亡，千古忠臣自主張，三百年來恩澤久，頭絲猶帶滿天香。」吳江楊藝具衣冠以葬，追諡文忠。祠在邑之石梅，邑人丁祖蔭為製聯云：「此老桂林一枝，萬里忠魂昭漢土；手植梅花千樹，二分明月共揚州。」誠可與史閣部媲美矣。

二十、沈葆楨夫人

福建沈葆楨，知江西廣信府，應召赴河口計餉糈，太平軍突將郡城吏民逃竄。其夫人為林文忠公則徐女，或勸避亂，封林子山夫人倚劍與井，誓言守孤城。刺血乘書洪洋饒軍門乞援，軍門時駐玉山，為文肅舊部，遂帶兵趨救，以解其圍。其為後世傳誦，致饒公書。哉丙十年戕，女弟孫許雷皇渡初郡事，年母丑衛齋，單騎赴庭云：陳武吏數百里，迎指家山，迎奉板輿，未依舊養，蹉慈母教，後文肅四十年，營構茲郡，廉得沈等遺澤，在娲七黃，捐錢修葺。工竣，穿發井，光緒在上饒公園，覆以亭，額曰林井。

合肥壽州之交有申相公廟，祀楚相申叔敖，有巨蟒，回身亘之塘，綿亘數十里，素荒僻，榛莽叢生，行人絕跡。有武科沈狀元欽段，出都門錦衣歸里，宿於逆旅，聞其異，堅欲道此首過，主人尼之。自恃驍勇，氣甚豪，似不經意，仗劍策愁馬，携一手杖，奴携行囊，夷然無礙道。初尚能異，入漸深，蓬蒿沒徑，下馬行，道益幽邃，日漸暮，霧昏黑，且勒道不可耐。捫劍以進，似出一穴口，重覩天光，夕陽花衡寺山。返視所經，當入一巨蟒腹中，蟒方劃壁而出，以中毒深，身首俱化。仰繞過，觀狀驚絕。述所遇，言之而頸動色變。室聆之失魂。一條蟒長里許，徑若巨甕，洞腹垂首上，自是遂成坦途。土人念其舍身除民害，為畫像而配祀焉。

二二、輓揚杏佛聯

揚杏佛、繼父善辯，而貌甚寢。留學美國康耐爾大學時，悅暑期生趙志道之美，以詩挑之。趙學未竟，相偕歸國。婚後頗悔恨，百端折磨，且任情揮霍，使楊不堪。一日楊講學大

二三、長汀酒樓題壁

張廣告，詢趙曾見否？曰：只聞外國書看相。楊虞士海上浪費致郭东南大学商学院長之約，終成仳離。子女小杏、小佛歸趙撫養。迨楊被刺，趙挽以聯云：當羣狙而立，斃掌扑竟以喪君，一瞑有餘哀，世亂方殷，國亡無日；衆雛在前，鞠育撫須責我，千回思往事，生離飲恨，死別吞聲。此等公案最難著筆，聯僅寥寥數語，能不黏不脫，恰如其分，而感時傷逝，意味無窮。或云出自乃兄，趙并非手筆。

往歲飲於長汀酒樓，見壁上題七律兩首，不著作者姓字。汀地居閩贛邊疆，自明季以來，屢經離亂，故作曠達之論，而風格絕似板橋。詩云：結廬何必在山村，心遠偏宜古意存，破甕栽花盆六

二四、懷甯王次山工四體書

不詳野蔬當肉似難言。又烘愛莘黄，棉襖，畫並寢間，另白板門，
丢日養慵兼養病，醉猩一任世昏昏。改筆殘書不值錢，此中真
樂自閒並一格，未將友西三箇，吟成秋詩四並篇。活動何妨胡越（
視，春秋忘何昔秦年，另無混沌完並璞，飽並古今未闢天二。
懷甯王次山，崇悌，工四体，書無愧江雅同壹千年。爲完白山人錫齡
終已親法乳，滔侍其季人萊山大令於上元官廨，特莫友之法書年，頗
成家方寺之寧，宙修道，還見次山書，深加契賞，許游泳爲指授枝，並焦（
中年以左司馬需次南河，聲名鵲起。辛亥桂冠，流寓吾邑，以硯田
資生，所處困境。余相識時已老矣，假寓南郭碧霞僑廬，
别爲一宅，修竹滿庭，虚幌生碧。天然畫圖，以詩云前人下完多…

二五、侯謹之善書斷指

趣一路瑯琊綠別門，若問生涯在何許，北窗横榻五千軍。斷能道其風致。吳山自罷乘桴首途入越云。憶余三十初度，承篆永壽橫幅見贈，余甚珍之。吳山性怪僻，笑談中面折人短，不稍假借，以是人不樂與近，咸以風子目之。晚又失門，鬱肅然，夫人亡友家女，拈某調。一日吳山招飲，於寓某茶果，經饑莧出，別饒風味。當其七希誕日，余與二三風契置酒為壽。席將半，翡翠集梁耑，飛翔不已，歷數十下，百計驅捕不可以，終務坐以逝之。時奉軍竄淮，嚴城風鶴，日未晡，令下鍵，余挈踉蹌辭歸，與戍卒幾費辭，始放入。明日吳山相見，道夜來事，相與拊掌。

壽州侯謹之，其書法似李北海，而筆勢過化，自成一家。捨茵李昭壽勢盛時，恨不知書，日思臨習，募友名流遊其幕下。侯亞女恣雎，知必敗，抵死不肯落筆。李優女遇，委曲哄之，終不從。李大怒，欲殺之，女母董氏性益烈，同訊，趣解曰：汝為大將，何必與指大計較，天下善書者甚多，莫如全之。李事母尚孝，只得宥之。繼令彼之所以驕人者，不過這手法耳，命斷其右大指。但神色自若，眉頭不一蹙，血染襟袖，間淋漓斑駁。戲說昂首而出，裹傷去，遂以左書名。時瀋河縣盛，人文萃集，筆力愈勁，依然一雄步江淮，但每歎不署姓名，以斷指生代之。後嫌不祥，改署九指生。零紈斷簡，猶為人所珍視。竟客死袁浦，墓在南郊。傳女自挽聯云：「一口氣來未放下，柴米油鹽到也罷了；大拇指已斷，若論身體髮膚，總算全歸。」可見女晚境與志趣矣。

二六〇

二六、孝友堂

沂水古為琅琊，晋孝子王祥故里。城東北三十里有「孝友堂」，祥覽並祀焉，華衮玄圭，一氣筆象肅穆。河濱有石碣曰「晋孝子王祥臥魚處」。土人相傳河鯉堅冰而臥，哀不凍，為至孝所感云。

二七、鹽城卞貢三畫

鹽城卞貢三，少倜儻，弓馬孔有勇武力。應試入武庠，氣方剛，好与人鬥。一日失手致人死，追捕甚嚴。逋逃於吾邑，寄寓華祖廟，潛心繪事，翎毛花卉咸工緻，漸臻沒骨，絕似南田。而研習良苦，凡寫一物，必詳審實狀，務使構造、形象、陰陽、色澤一一逼真乃已。以之畫境日進，為世所重。性孤介無已，隨手揮洒，命筆亦就。遇倚父雖兼金勿与。雖乞丐粗召，飲輒歡，卒以窮困而終。民初余与天然雲遊華祖廟，僧出張其所寫條屏四幅，均為花果之屬。

寫生絕妙，極欣賞之。聞此一月後，已失所在，殆僧人同余備得諺論，知為上品之什，競奪珍藏矣。

二八、鶴子樹下

瑞金城北有鶴子樹下，渾以為異。以詢主人，云有孝子劉一坡者，誤生親死，廬其墓三年。歸遇其妻，妻曰：「知君將歸視我，故迎之。」一坡拜跪而返，惶然見其墓，復三年，有虎日伏其廬外，馴如狎友。迨歸後，樹忽有鶴來巢，晨翔而夕集。一日有客造門，乞市樹間葉，曰：「此異矣，是貴，君可悉取之，但君之所珍，必以何我。」客笑拔擬片葉，乾生前墨中，熱之，氤氳既結，乃成樹狀，有群鶴展翼其萬，飛遊入空，至冥，比煙燼，系鎖鶴復一，一飛不俄頃而滅。一坡異之，方肅容正之，飄然引去。今孝子坊尚存，徽誌遂乘未紀此異。

幾事近怪誕，故不載，任民間流傳而已。

羅田巖在雩都西郊，周濂溪、岳武穆遺跡甚多，風景幽窈，別有洞天。己卯初夏，友人劉甘棠如、適宰斯邑，函邀余一遊。見壁間有馬心是所題小詞三闋。其〈菩薩蠻〉云：清宵自勸三杯酒，淚珠由酒傾百斗，極北是烽煙，胡塵正滿天。榴花紅似血，不敢心頭熱，坐老在羅巖，含情月一灣。〈訴衷情〉云：華年渾恰暗中拋，微雨訴今宵，江郎自有彩筆，莫當作畫眉描，多感慨，述情豪，寄牢騷，繞醒又醉，已倦還家，最是無聊。〈臨江仙〉云：清夜好，追暑不見名山，翠樹深雲迷遠岫，清泉淡水遶，巡遊得意，倦盤桓。歸而訪諸邑人宋月寰，知馬少有大志，嘗躍馬出函谷關，十載風塵，鬱鬱不得志，踉蹌而歸，設帳山中濂溪祠，爲童子師。因以杯中物消胸間塊壘，宜一層柳塞，莫若其嚴味也。

三十、劉勁秋金縷曲

劉勁秋有《薑兜錢繩衣》金縷曲，纏綿悲壯，非凡近之作。詞云：「辭別親長久，離西風飄香傳訊，剪殘楓瘦，書摸垂門，猶嫌冷光妝其連纏，早料得霜凝刀斗，一襲寒衣勞驛使，剪綫封書當在臘冬。便長短，教身否，綿綫乍比狐裘暖。又纏過回黃轉綠，難親還舊。指纔籤挑零爲教汝，妹燈前織就，不細點量，更著遮滿，祇盼凱旋歸日近，下晒乾，代解征衣紐，開鏡匣，拂塵垢。」

三一、桐城張英詩聯

桐城張英，以宰相致仕歸，徜徉鄉里。邑有王氏，以度支起家，五子相繼登賢書，夫婦老而健，營華廈，受子孫賀。張往女門，見高年舉觴，曰：五鳳齊

飛，飄搖如降，至今門者數十云。笑而入，高踞蔬事。未幾，延宰至，因藉其勢

進，殊自負，傲然長揖，張笑而不答。洎張既定，張不韜迹，抑宰無席，

宰殊不懌。問：「先生何處盛遊？」歷首信，而義許。張沉吟有頃曰：「初借老僧莊

蝸館，尚可憶，後則不省記矣。」宰思有以窘之，適有畫幅，繪海日初升，霧

松蒼翠，彩雉棲巖石上，一丈人緻細數筆，款署，甚快一時手筆。張回，

共睨毫濡墨以俟，皆注之。揮毫染楮，頃刻而就。諦曰：「日出扶桑暮樹

低，鳳皇不與衆禽棲，老夫豈是尋常客，好去山谿莫亂啼。」宰意

其公輔器，豈一張相國手筆？改容再拜，張亦拜曰：「賢父母何為過謙？」主人

具訪述。張亦西林來，則宰事之同年也。宴畢，主人包異精緻，飲至四鼓，遂

投主度，主人歎然退。張笑曰：「戲之耳，但居二三上上，便士為名矣。」宰詢不

三二、輓黃克強張勳聯

敏。方務吟其言，指毫點染，視之為書波。先生顧主人曰：「吾何不辱命乎」飄然拂袖辭歸。

政見不同，挽章事最難甚筆，唯其於此每得佳構。如黃克強與中山先生首創革命，而揭哲子之為能等爾會心，君子之一，及對其私斷力。其挽黃聯云：「公誼不忘私，平生政見分馳，肝膽至今推摯友；一身能敵萬，可惜霸才無命，死生從古困英雄。」吐辭真誠，自能見品，固不以人廢言。又張勳一復辟，馬廠誓師討平之。徐又錚室參戎幕，其挽張云：「仗匹夫然以復先朝靈，其志可哀，其愚不可及也；論亡人孤而無一坏土，此人說往，此事誰復圖之。」在褒貶之間，不失為持平之論。從「一復」字，挽當切「一丹也能重。

三三、淮安高行素嗣甥詩

淮安高行素于役甚城，嗣君嘯珂，工詩，兼工隸楷，味甚濃，時雨佳(?)均擅吟咏，清才疏放，不作凡響。觀其贈南田黎厚塘(?)香年「澹泊齋(?)詩草」，可見一斑。嘯珂云：「如此江山能故態，等閑歌哭不逢人。平生心力拋殘夜，綠鬢頭(?)能留酒月一。」「三年從幕未今雨，一夕論文證古歡。並世幸多君又去，不堪憔悴此衣冠。」西農(?)云：「文貌留皮此一斑，搯來奏辭，艱(?)船山泰雅，莫更傷家國，吟到滄桑句合支(?)一。」出語驚世上兒，本來饒事始為詩，唯心傳技五七言(?)，萬世風雲又一時。」「成當城隱同羅，於難。嘯珂著有「海天孤嘯集」，亦散佚。

三四、從舅母李松雲詩

李松雲，余從舅劉月江之簉室也。早失怙恃，從其兄讀，暇既吟咏。獨居樓上，顏曰「藕香閣」。初議婚樓下，諸生窺之，私語曰：「汝知阿姑

三五、鼠嫁女詩

婿誰家？乃龔德堂所設玉器肆之劉家也。樓上掛有詩句，自傷不偶，抑鬱病瘵。既婚，深嘗男眉際免缺，冥無亡之文，疾益劇，經歲而卒。與余母最善，臨終，以窗图課詩二冊見贈。如中秋云：「碧天風靜月正明，小妹喜孜孜笑語盈，共說今宵好時節，休教早睡太無情。」秋雨云：「窗外海棠三十本，不知催放幾枝花。」均清麗可誦。而晚眺一章，尤妙句：「笛聲吹落梅花，尤見意境幽遠。」

舊俗正月十日夜，為鼠嫁女。小兒女撒花於床下，以助妝奩。余構季重昭銍枝者，作詞諷世曰：「鼠女嫁，鼠婿迎，兩傍熠燿列燈籠，草間蛙部兮鼓吹，蝸牛載車行穴中。六毒每能懷饌穴耶，相鼠有皮兼有禮，世人雖賤直不惜，無牙速訟亦云惡死。我欲呼鼠前致詞，家家人人來累累非餓架

珍破於西三春，錢未嘗嗟無錙為。年請囊數及囊玉，一斗千錢，然未足歟，
非米豈族婦傢，終朝坐食陳陳粟。」
高郵王某柳，字幹善，書法倖勁媚，師法誠懇。以京兆籍納貲爲司馬，嘗攝
南河堰盱同知，兼司洪湖隄防。例於秋季堵壩，霜清合龍，以節餘歸西山存豐
運，由歷署任工員，歲有羨餘。王性勤介，先期蕆成，所節益多，不敢自私，以上游
費來世厚，亦不納，相持甚久，繁費而厭比。難二三條，謀調停其間，以南河
當入京孔道，車馬紛繁，亦無館舍以為行臺。咸豐河自洪楊戰後，諸生不識路，
從北府一僻西廡間，圍房類用，乃建行公館於北城西，時論兩美之。榮畢，
其顏曰：「尊賢育才」。聯曰：「使者冠蓋如雲，看道出表江載，詠皇華於道館，
多士經綸有日，材儲廣廈，安催試草靜扃門。」

三七、八指頭陀詩

民初，讀書南京紅紙廊，地近城西，每當休沐之暇，常與二三友好登清涼山掃葉樓。憑闌遠眺，覓南朝烟景于林壑之眼底。讀壁間八指頭陀七古，自然天籟，了無烟火氣。猶記其結句有「齊梁往事如敗葉，零落殘掃但留痕，大千一髮了了除，笑看清夜月金盆翻。」誦句，不禁心為嚮往。展轉搜羅得詩若干首，數首出其晚年之作，而指頭陀之身世亦略得一二。蕭齋靜坐，彌懷故人，憶先世為山谷後裔，宋時一遷茶陵，明末再遷湘潭之石潭，以為耕農之家子。七歲失母，父或代稚烈，與其弟寄食族家。十二歲始就塾師讀論語，語未終而父又殁，乞或依食，乃為耕農家牧牛，牧牛常挾書讀。塾師周雲帆憫其遇，收為弟子，執炊以酬固，未幾師又殁，同邑富家覓人伴兒讀，欲其往就，乃只供驅使，自讀輒遭呵叱。以與志違，遂辭去，嘗歎云：艱難尤甚，絕望復遷去數四。一日見籬間白桃花盛

聞，流連不忍去。旬風雨驟至，推戶視窗，不覺失哉之痛矣。遂投湘陰法華

寺爲僧，燃二指以供佛。後易氏某巴陵李岳陽樓，友人分韻賦詩，已能姿神

映坐下視湖光，一碧萬頃，忽得洞庭波送一僧來句。舉而述者郭菊蓀，遂

勸爲詩，日五構通。且讀書用力尤甚，或一字未愜，至自晝至夜忘寢

食，亡一詩，再數年而始成。後編遊吳越，佳句所最多，與郡中諸名士遊，唱

作詩。至花下一壺酒句，書畫壺字，忘其上畫一蓋，遂畫一酒壺其上，有倦貌仙

者之書法。出紙請爲作書，塗寫既竟，筆畫錯亂，左右易位，至倒難

辨。亦遊吳某張之壁上，觀者爲絕倒。其早年之作，至其晚年書云：一株兩株

松，三枝五枝竹，幾嚴雨長耕琴，祇有雲來宿。既憶十首之一云：去年

辰先墓，一路由樹邊村，老何我言，此舉爲汝爭。汝父昔在時，耕此墓

三八、銅山萬壽祺詩

下田人,牟令各近體,亦流麗情。咸此等語,濟下可流字,不但心情琢樸

而意境之厥深摯。升記係唯黃文讀山法名敬,號字青祥。鎮隆文字簿

自前後遷,然不失為一代詩傑。王湘綺評其音清老,似賈島、姚合

之寒瘦為工。洎見其續作,乃鼓吹弦子惠休,可謂知言矣。

銅山萬年少,壽祺明亡後隱於吾邑之蒲村,有隰西草堂詩集,壽

日就食於周黎,而心境愈苦,有子而不受北朝官,句而相同,亦一奇概。

其子睿,安何其故鄉城北萬壽寒寨,終清之世,其家不仕宦者,如壽

之胴甚密,亦不敢銷毀。識其書析卷兩律,可見隱微之旨焉

詩甚絕外面也。詩云:門巷依然一哲薜蘿,鳥啼排銅草身長,人情近似

秋蟬單具債,王孫其處匪行。我隔東西卷歲天宵長,擇喜言而繹緗聖朝

西疇田偏近，脈園玄玄不易繡囊一。達左溪風同巷圓，稅完音細鋒，又泛華表石山邊，弦對青燈坐暮煙。入夢鄉閑勞去田，討文詞

客和談倫，都熱內話歸來日，動今文哉人意惆悵二。

寫瑞全時見有畫漁樵耕牧圖，名馨當虞美人一闋，詞既清麗。

後閣遂乘始知為畫人舒耐山考考謀詩，遂著。漁云：兒孫數艘溪

山外折柳穿魚賣，買酒杏花村，試問那酒之味偏醇。旁人錯把嚴光

認，我本無名姓，甘冀衣和醉枕船邊，最是老來不敢著羊裘。樵云：丁丁

伐木深山處，不覓雲生石巖，逢人莫更說圍碁，只恐仙家棋境隔誤歸還。

一肩黃葉逐寒暮，路轉溪邊樹，候門稚子笑聲灌，手有擔邊山

果數枝紅。耕云：一犁春水初晴候，到處耕秧秀，誰人勝耕暮叩業閑社

老年歸耕罷兵，走半江，官租早納，三冬足，送子遊鄉塾，田家辛苦及歲。又向讀書燈下補寒衣。」妝云：「清溪路徇行偏穩，路向業門近，平湖青草影迢迢，都是春風吹綠上鞭梢，何必叩角歌長短？不作錐刀夢，夕陽點下山來，正是無腔短笛倒騎吹。」

四十、兩湖督署聯

張香濤之洞督兩湖，署中楹帖大都寥寥，所存者多未愜意，乃自撰轅門長聯，以「尚書天北斗，對江漢水東流。」江漢僅屬荊州，未能包括湖南。語不甚切，故幕府更撰一聯云：「東南夏口，西武昌，艫舳接天下險，南瀟湘，北巫峽，江湖廊廟老臣心。」出聯全用「赤壁賦」，對聯全用「岳陽樓記」。文章天成，妙手偶得，張視之不禁為之首肯。

四一、鄱陽縣廨

鄱陽縣廨大堂，置一長桌，凡五足，中一足着土內。老吏言下為巨

四二、聞孝廉詩畫

浸用，以鎮壓，邪氣烈氾濫。正門常用，啟亦有缺損。方板其今尝峯斫邑，不信女說。門閣未逾月，有幕客如廁，廁側舊有一年陰老土色微黝，疑為鏽，煤末。二更要。客在其旁，若其上，未幾轟然一巨震，客亦驚仆，房舍傾圮若干楹，近坊民居亦瓦飛窗裂。或曰：異哉，年彈藥庫屋毀露，歲久忘之，偶然著火，遂有是災。父老歸咎於門啟之兆，板其今素平易，仍為之修改。客療三月始瘳。

吾邑聞淑果孝廉溥，晚號艾叟，出法為余寫梅，題以詩云：「吹噓原不借東風，萬樹梅花冷霧芳。醞釀好花須春早，須知奇境是冰霜。一時留得七分開，蘂枝樹吐出芳馨氣自華，試與共賞宅高潔，知君擇棲似梅花。」或云：「此中有人，訛為梅花宮此也」。

四三、瑞金龍珠寺聯

瑞金西南龍珠寺，在赤珠嶺上，以塔得名。閩無盡邊一千松拔立，一水環洄。後殿樞向有以知府劍州饒思九大成一聯，言：「這事悟到全羨究竟未發心，忽然的七句八句，總似一場拙談；因此上雪山中老倒釋迦，吃麻吃麥，受甚飢餓，收攝了魔邪，花著眼前日子」；「那時猶自見上光鬼，有甚把鼻，必須千了萬了」云。何面樣郎，當口笑得漆園裡笑煞莊周，在牛在馬，逍遙舒騰，將順逆境都付與頭上天公」。云境都「脫字」以酉動。

四四、夢昧記詩聯

雷湖道隱，某日假寐，忽覺有使來邀，至一官衙，廳事頗

宏敞，長案排列，先有儒冠數輩，依次就坐，因與之談之。出無
題下長袍之為「三月報妻」四字，楷列如字下，足成詩句，接筆
書云：「三年曾（四首）馬蹄塵紅，月無長隄走玉驄，載引烟花正酣足，
共作鶯花並視春風」。無試幾人貴拾翠，辨繞一叢鶯而寢。濯使生
午眠方就枕，飄然出遊，似入人家別業，亭園花木繞極幽邃。僕
筆向窗二十輩，照窗園落紛，一人方執卷吟哦，簿鷄唱午，舊遊如
而覺。○（四）僕因某夢境，只憶「夕陽已無晚山翠，霜經徐問古寺鐘」。
餘則不復省記。宴湖因謂人指館構，羅姬之號，心猶耿耿，
輾不成寐。夜闌（方）就寢，散步市塵，入一署，肯豈異是彝之壁，
目不暇接。主人授以一印，雕篆奇古，若難辨識，凝神拜思，

四五、固始

宋芝祺

詩

勿怪為吾來花事，急求湖一笑送醒。田家不無吟咏，偶語更就臥長雲夢邑。一巨宅，廻廊複舍，曲折大致，庭樹成有趣帖書法体製皆同，惜未覩。醒後，面諸田家，什九遺忘，僅記壁書一聯云：「大開窗戶觀宇宙，小有壺觴醉古今。」邑雖八極，氣象萬千，的是佳構，然大手筆不能為之。

戊寅歲暮，出於固始陵館東部，茅美陶菴，才許出示其夫人兰圃生大令芝祺「綺園詩草」，幸喜餘暇，久經宦海，依舊書生本色。吳重云「綺園」蒂塵垂傍水涯，前村映一抹殘霞，閒立一林歸來晚，春樹高歌過別家。西山爽靄逼初秋，夕陽半岸波光塔影浮，天氣晴和人意好，漁翁獨釣木蘭舟。間居自遣云：厭說家居稱壽封，其未根滋味只偏濃，兒童設引駝客歡，並恰聽朝陽樓落鐘。一樹色並奮其元罕の園，秋晴天氣，帶清暉，曉來乞手，雅心去矣，油菜只花開並是肥。」

彭雪琴今檻聯遍東南，數當氣魄雄厚，有這年八萬之勢。其當人云：為懷宇承尉，少時隨侍魄征，逐擺長江水師提督目，手遊勇慶，回憶兒時，不勝今昔之感。登大觀亭，題以聯云：「五百年魄公何在，想接東南，消除浩劫，還勝地登臨，俯歎兵舟雲風，鷗鳴黃浦，招與一亭佳景，湧出群胸襟，寄語里客騷人莫辜負秋風月。」「卅六載彼子重來，天開圖畫，俯仰狂吟，任凡間休戚，吃任龍吟，虎嘯羽奉鶴，嘆落英殘，我百戰壯懷，放開眼界，收攬練溶（湖）嶽，依然是舊日河山。」上下古人今何等氣概。亭中另有王次珊一聯云：「若乾坤能容幾人來問，且安撫鐵板銅唱大江東去；將風月不用一錢買，休孤負青山紅樹遊爽氣西來」。論胸襟雄邁於彭玉麐先生，自然，爲成晚於清健之中，別有風格，又如風雲中人所不企及也。合肥吳晦甫茂才於鄉里寄其故所題一聯，詳當時孫微離酒之如銀瓶瀉水，取之不竭。云言法書陳文騄以詞林外放，屢典大郡。其知廣州府時，公之解撻格，皆出手製，書星曲樵寄爲無窮。其尤佳者，「我本燕趙布衣，感慨共存君故，當日思高陽酒徒，荊襄劍俠」；「老作江淮守吏，流連尋勝處，猶得問忠宣故里，孝肅家祠」。「攬鐵之志，遲清淺，那堪賢旗烽烟，地隔中原兩勞北望」；「縱斧樵袁率，十年三百渡江梅柳天哀，哉色追自南來。「六度典黃金，江落上魔老白蕖湖樓船舫」；「廿年讀鳥帽風塵萬里，載回京落點一朝班。」「畫舫泛蕖湖，看鳥過八百里洞庭，忽生歸思」；「歸衣辭觀闕，明宮二千石，無儀山豈為官情。」均可誦。

淮北臨高楊蔭南，松喬，繼度泛密念，絕無井市氣。若其社會判病，尤且熱一腸。蘇督軍奇變元，解降甚揭，懸守候兵柄，大軍圍城三匝，旬日不決，人心皇皇。楊時長商會，有走戎馬間，折衝斡旋，辰胥為之往一辛，十二旅另去。未幾病歿，江都徐公羨，方長長，聯挽以聯云：「長揖說法，民萬姓名危雲片語也：「錢也方成痼癖，九州鑄大失，斯人之喪，為之悼。」

四九、輓陳樂庵聯

新建程樂庵，為程柏廬之孫，曾任有清。民某年後以吟詠書畫自遣，不復出山。追贈館舍，耄年如林，其尤甚以鼓舞歐陽建（澗）生一聯云：「生張和曹，能詩、能畫、能書，我（樂）擅三絕；

挽之：「歿又五百陽年，不淫不貧不屈，吾鄉又見一完人。」

五十、范公丹稜自輓聯

范丹稜太姻丈，文筆犀利，設帳三十年，造就多數學子。按其為人慈善。然一冷雋詼諧，好以聯語刺人隱短，有玩世之風，以是以招怨終其身。平生至善製慶詞，每逢佳節，輒張燈若社，徵人射虎。余少時每去造詣，雖鉤心

五一、徐書簡詩

門角，究西醉々有味。愚過一擊不中去，只以白眼睨令去，不
敢同津。愚過八十年々病兩發，訪為自撰聯云：「詩文集汗
牛充棟，成名能有幾人，與其千年雷同，不如及其甚矣
年才日衰老」；「鄉會試走馬看花，失之徒呼人，我邊
致踏尊澤例，竟已於斯，幸哉將專補號說。」
吾邑徐竹年，古稀同聯，不衰其能詩。戊寅，因為部諸，賦寄懷一
章，膝飛凡近之音。詩云：「少歎悅絲華，侯、車、衣、書之世路多險艱，
動輒遭殃咎。今怪直之理，不如適闊訛，辛勤易春稼，宅
邊樹榆柳。耕稼之餘暇，丟卷以在手，妻孥解醒醲，自陶洗濁
泥。聊以秋天悅，寄懷漆園叟。」

五二、蝶仙詩

粉碟面，人面外畫一指針，針週圍面上，面上列字，占(?)屋(?)之盤(?)，盤問咸備。二人各以右手中指捺之，隨其旋轉，碟上所指字，則記之，往往成文詞，用以問事決疑，曰碟仙。余爲鄞縣邸中，每與兒輩試之。一日，憶亡友吳健鋒，召之，集其字成七律一章，並歷(?)詳(?)甚多，有倦意，寫(?)成篇(?)，四月二十七日也。詩曰：信手拈來子夜詞，十年小別未(?)勝悲，干戈中土鬥心力，宇宙速亡急殺(?)機。鄉關骨肉(?)壯業，蛇龍習其擾因速飛，郎(?)土坑坑年正壯，汗汗愁(?)，曲(?)瘦不知瘦。

五三、江滑老人

懺生道經江滑，有同三數老人聚談，一破吾中，聆其言哉(?)數有道者。方降輿(?)下之，老人迎入，崖(?)林深處，每聆

五四、盛海帆諷人聯

丹崖青望，峭無千尋，豈遂翁遊嶺進攀登莫及張
古之雲遊北嶠東，峰巖下方岎。試讀於其說云：多雅
菅菁藏三處森，人來人去，西峯陰森，皮煙茅舍講雲
霧氣，叟杖自能山水音。況又通法戒，樸處如相訪鶴
巔尋幽，君看洗足嵐已事，惟有黃谷吐古今。

鳳陽盛瀚，號海帆，書居處八號，不雅，為人孝友，有待語云
為指沐固之衰之，乃為寫，使面乞異常者，堅不可待語，縛自
得，於以繫人。展成書為吾師貴信乳吾存之森，桃花慈
衰於紅塵。人笑語之曰：此無恥之人也。待語懈志，年
以領因之盛之曰：余乃年今之全無論，趁之序左右，收現不如人之志

五五、徐翼漢詩

如此亦何待，詒語塞。
亭前徐翼漢，既敖無城府，五詩並吾與其事，哉聞凡
一歲有半。時相唱酬，詩盈一帙，口封後吟其以竟年
女自來亦書成數首示劍雲，皆絕句，雖是性情之作，手跡
而字付郵來，憶我依舊笑語，偎慰我一寫鶴情懷，尔池展書一函
織細。一同汝當經着病魔，要回濡夜不寐婆娑，還須勉飲啜
珍重，免我愁腸望遠處多多。二。貴男湿語祝康健，料米思親
睹目傷心，我年未能分憂患，着保髮已侵霜。三。留姑西上
說何如，當吾頻面過尺一書，今因思勸須慰藉，莫教子識
厭疏。四。公餘借返轉兒歸，守舊年節佳勝，我多多叮嚀言逢

五六、靈山七十二峰

同勞力，帝調琴瑟養天和。婚配幼子最堪思，二女未來寄免詞遙遙聞訪所不得，空勞兩地夢魂馳。不審安寧因蒙罷聞事，別後幾年相見難，無那秋來風露冷，只將老淚背人彈。七。浸說家書抵萬金，可憐鄉訊久銷沉，亂離前內無消息，北望空流淚滿襟。八。記得當時植幾株，煙樹環繞低即堪暮年，更更滿懷家國恨，秋深夜夜泣龍泉。九。聞道本生親屢屢言許相通觀面難，但去去喜陵歡福地，殷勤為親永年哉。十。

靈山在上饒縣西北七十里，道書列為第三十三福地。山有七十二峯，高數百丈，絕回一百餘里。傳葛洪嘗修道於此，西峯繞頂，有葛仙祠遺址。七十二峯者為西屏峯，在靈山中，其形方正，儼若到了屏山頂，有潭，潭不可測。飛泉水瀑布，高約一百丈，遠望如練，故百里皆可見。石人峯在山东北，石柱立如卧，下有石人相馬。馬鞍峯在石人峯东北，形如馬鞍。棋盤峯在馬鞍峯东，高敞左右，奕棋紗帽峯在棋盤峯东，状似紗帽。龜石峯在紗帽峯东，形如龜。圭峯在龜石峯东，高峻如植圭。雙石峯在圭峯东、西，石相聯。花巖峯在雙石峯东，下有巖，怪石崢嶸如花瓣。雙峯在花巖峯南。枕頭峯在花巖峯南，与雙峯相对。鷹嘴峯在石人峯西南，貌如鷹喙。疊峯在鷹嘴峯西，數峯層疊若浪紋然。迴龍峯在鷹嘴峯西，山勢迴環。黃沙峯在迴龍峯南，兩峯相对，下有峯頂院。巖扉峯在

二八八

迴龍峯西下有春直巖，胡昭公字仙，指此訪松谷老人，後居民
立祠祀之，前有石塘，四時不竭。炬燭峯在春直巖後，一峯
尖削如挿燭。南塘峯在春直巖南。面谷峯在南塘峯
前。龍泉峯在南塘峯西，有泉水極清冽。笑天峯、獅峯在龍
泉峯西，怪石突起如獅昂首，下有石泉。水明峯在虛巖
峯後，懸崖瀑布飛瀉，映日遠望若水晶。虛巖峯在石洞
西之巖北，日明峯故名。疊石峯在石洞西南，怪石層疊如壘石
疊，高勢奇特，人經其下，望之若將墜也。登藝峯在石屏峯
西，山勢疊上，石階級層層伏，日人登石屏始乎，多泥此攀躋而
上，因呼石階梯。其最險處，挂兩崖石竅中置杙，橫大鐵索扶之約

二丈許，行者以手扶崖，循崖而度，稍下視則萬仞深絕。旌名
峯在石屏峯東，形類鐃名。鏺金峯與旌名峯相聯，在圓
墩鏺金。掛衣峯在旌名峯東，形似衣掛。生臥峯東，石如人
兀首，依呼老龍峯。白雲峯在石屏峯西，白雲常覆其頂。
茅堂峯在白雲峯南，下有茅堂，相傳胡隱君所居。披雲峯
在白雲峯下，兩峯相接，故名。石聚觜峯在白雲峯之西。楚峯
列峙，若聚觜狀。鼠捕峯在聚觜峯西，狀類伏鼠。飄峯在
中金峯西，石形方正，如疊成。龍砭峯在中金峯西，山石陡立，高
然如龍形，丈下石列聚而立。圓墩峯在龍砭峯西，石圓而平。
靴石峯在圓墩峯西，形類靴。老人峯在靴石峯西，狀如人

蓋皆白。西谷峯在老人峯西，下有西谷庵。水尖峯在西谷峯鼠捕峯西，石名覷。東谷峯在覷峯西，下有東谷庵。鞋峯在東谷峯右，一石形如鞋，朝天。通天峯在鞋峯西，形如之通田口首。老鷹峯在東谷峯西，石似鷹。石佛峯在老鷹峯左，如人趺坐。天梯峯在石佛峯西，石有天然階級可拾而登，俗呼為上天梯。中谷峯在天梯峯南，下有東中谷庵，明春庵禪師居此。棲旗峯在天梯峯右，石象圓渾，可上可旋，下有洪洋洞。方石峯在石水洞，水自石中出，西流入溪。華表峯在西谷峯南，兀然一柱，形類華表。龍鬚峯在水尖峯西，異如倒垂之龍鬚。石合掌峯在龍鬚峯西南，兩石相合，人發聲擊之，則動搖，其聲列石，又名搖石。萬仙峯，在西峯絕頂，亦名五音。鳳凰峯，在石屏峯西，兩峯對列，如鳳凰之鳴。石獅峯，在靈山東北，狀如獅。九牛峯，在石獅峯南，狀類牛，數有九。圓山峯，在石獅峯西，下有天心菴。叢花峯，在定心峯西，石色紅如杜鵑。天馬峯，在石人峯北，狀如奔馬。天平月峯，在天馬峯東，形如偃月，下有泉水，潺湲不絕，名出洞響泉。五彩峯，在月峯北，以地之五彩石名。黃泥峯，在月峯西，山多黃土。通士峯，在靈山北，相傳有道士修真於此，後仙去，下有洞，風氣往來，輒有聲，名仙洞鳴琴。天心峯，在靈山北群峯之中，其勢雄大，下有龍泉，水常湧出，名闊陵靈湫。三十六天峯，在靈巖外，震峯森列，秩如七斗峯

二九二

凡三十六數。銅山寺，在靈山北，石色黑如銅，其巔有七星澤，天然一石穴，底可沉心，影有七穴，如天之北斗。仙居峰在銅峰西之高仙。高城峰在仙人峰西，環峙如城，居高臨嶺。船石峰在雲城峰西，西有形如船。上下翁峰在高城峰南，有高低二峰相望。翁峰在南峰西，二峙如副局。蛟龍宮、鄒以佛、沈起、鄒日最，皆有詩。

南巖，一名廬家山巖，在上饒西南十里，朱熹嘗讀書處之。磴道空山巖，可容數百人。巖下有朱子祠及僧舍十數楹，又後一座，大中巷茶窟風。有文公祠、大寧寺、一滴泉、萬人宮、可臨群峰、百道壁上、洞雕壞、深纏井八景，歷代名人多有題詠。

明嘉靖，刑部郎中翁大立，審錄江西，寓南昌府。郡之旌節館，憒傳，淫吏皆病之，疫傳館有怪物，數狀數而大，每夜分輒來，夗厭日甚去，鋒垣乞空矣。乃偽為故鎖，而已中庭大作，郎中乃來設隱燭散燈，寂然以待之。夜分物果來，命隸遮擊數百，乃死，而疫未已。醫西之井廢。夜夢人語曰：淫者病惟天一生能治之。明旦因密遣武闡者曰：有天一生者乎？無能識者。日晡有叔子者乃宿逢故學，曰：疑且思，因以硯子西偏女地津津如，諸視之，人許淨泉湧出，勢若湧沫。飲之，味甘且冽，病者飲數瓢，命始悟天一生水之義。遂擇石甃為井，曰生生泉。越十年，擇舉至此，吃年推承之，雨迹之。詳記其顛末，倩之以銘，因井欣收，其使一覽氣不溶，泉和詰渴」。唐代以其地為試院，井在縣門內西，今院以圮，而井猶存。

五九、上饒郭繼周

郭繼周，字梧山，上饒人，幼習舉業，過目成誦，後棄去，傭書自給。履穿衣敝，恬然自適。好與老拙與同族，終朝不醉，或三月全斷，不受束。自署曰：「穿身的破褸，睡的稻草。」平生任怪，祖華微渺，也亂時逗其飽：「一兩生涯完了，三兩生涯完了，試看七人來，言傑英旅出世不少。」早歲生一子，不再娶。晚歲無家，惟四壁全傾羅橋寺路。有同其生時十四人，合四夜同燈，作傳曰「與酒為隣」。年七十餘卒。

六十、寒食烏

清明上墳，饒俗曰「醮墳」。先是數日，山中有小鳥名黃，夜日鳴，自鳴其聲如云：「清明大醮，墳頭掛紙。」言訖，清明微，今人呼為露之感。昭邑人郭仲藝雜為予言之，倉卒書之以補倉錄之遺。

第三部

辛亥民初淮陰見聞錄

淮陰邢立堅耐寒著

辛亥民初淮陰見聞錄　目　次

辛亥民初淮陰見聞錄

一、概述

晚清末葉，腐敗貧弱，達於極點，革故鼎新，勢在必然。淮陰為江北重鎮，軍政大員駐節於此，官場惡習，層層相因，盤根錯節。連年災荒，哀鴻遍野，施粥之地，飢民如潮。袞袞諸公，搜刮敲吸，依然如故。迨武昌起義成功，舉國響應，二百餘年皇朝，土崩瓦解。當日之作威作福者，頓如喪家之犬，惶惶不可終日。千萬小民，歡欣鼓舞，拍手稱快。

二、政治腐敗、官吏貪瀆

淮陰之官場情況，一月十五日到任之江北提督（省一級之軍事長官）段祺瑞曾有所概括。他在拜印後，即顧下屬各官曰：「我初來此地，一切都仗大家幫忙，但我在京時即聞此地官界有三臬、七金剛、八小鬼、三十二地煞，姓名俱有。各宜自新，否則不能為大家寬也。」一般大人老爺聞之無不戰慄。

所謂金剛、地煞者流，皆為搜括之裡手，貪污之行家。然終段之任，並未見查辦一人，其警告乃新官上任之故技。在此前一星期，陸軍十三協軍官，知奉旨革職提督雷振春一去，新提督必帶有親信，己之飯碗難保，特在提署荷芳書院，公宴雷提，藉表餞行。此亦可略見段提警告之奧祕。

雷提奉旨革職之罪名是所謂「違例餽遺」。其實彼之真正問題則是貪污公款。自雷就任以來，即大施其搜括手段，無論何項公款，皆竭力攫及貪囊。去任臨行時報虧空若干，不知其已括得數萬金矣。此銀均存入衡豐錢莊生息，為將來運動開復之用。其存放時祕密異常，外人皆無知者。不意衡豐於二月間倒閉，清理帳目，雷提所存四萬餘金，始行發現。雷振春任江北提督僅數月，即中飽如此鉅款，其搜括手段，實令人吃驚。

淮陰民間積怨最深之貪官則為清江縣令陳習謨。庚戌年十一月二十三日，有人於提督衙門以及道臺衙門前分別貼出揭貼，貼首大書曰：陳習謨，不死何為？以下略云：該令與家丁朱得元關係密切，無論何案，非阿堵物不能申訴，所得贓錢，則與該令二八均分云云。陳令匿報災情最使眾怒，蓋清河一縣，今年被災極重，陳到任時，匿而不報，照數徵賦。以致清人求賑各處，往往以並未報災，不便捐助推托。統計四鄉極貧人民，已有七萬數千之眾。嗷嗷待哺，實惠難霑，皆陳一人使之也。各鄉紳民甚為憤急，除稟清撫卹外，並云陳如再不他去，即共同將其抬出清河。陳令被撤後，於四月二日滾出縣城，途間任人誚罵，莫敢誰何。

類似陳習謨之貪令，還有安東（今之漣水縣）之王令。

安東知縣王寶基和刑名幕友郭某、門丁陳某，狼狽為奸，遇事則通同舞弊，得賄瓜分，王令實得大股。巨匪孫某，已經捕獲，而孫以數百金為王、郭壽，遂得漏網。該縣上年被災極重，該令亦匿而不報，照熟徵收田賦。

知縣以下諸吏劣跡，更是所在皆有。此皆官場之小蛀蟲也。

洪澤湖裡河越壩與鹽運關係頗重，每冬水涸，由海分司撥款交該管捻盱廳堵築，以資瀦蓄，其間弊端，罄竹難書。歲費萬餘金，徒為廳汛丁書增一進項，實際到工者十不一二。今年李承代理，興築至今，尚未完竣，恐上峰詰實，竟揑報已於一月十四日合龍。

候補知縣衷靜軒，巧於鑽營，自得當道歡心，差委不斷。此人充蔣壩厘差，苛索商民，私囊累累。遍托牙人，廣置田產，河湖兩灘不下數十餘頃，查律有規定，禁服官地方，購置田產，實質早已成為虛文。

官場中亦有尸位素餐，形同偶人，或迷信愚昧，令人噴飯者。裡河同知徐兆濂，言辭期艾，雙目不明。每謁上峰，遇有應陳事項，則由家人周福先行演授，如教員授課狀，誦讀既熟，始敢升輿而去。幸主管性簡，得免種種醜態。

巡警區官某人，本一學究，迷信鬼神。一夕，某姓屋上，二貓相鬥，家人疑賊，適某巡至，初聞尚不敢入。逡巡良久，始敲門入。貓見亮即遁，屋瓦猶響。某巡曰：此狐仙也，宜禮敬之，想爾家得罪他了。

淮陰本非通商口岸，然地近沿海，涉外之事，在所難免。督撫大吏，畏洋如虎，侍奉唯恐不周，府縣之流，更無論矣。下述事件，可見一斑。

公文照錄，讀者共賞。

去歲年底，江蘇總督下文江北當局，略謂：准美領事官函，據教士報告，清江耶穌堂貧兒院屢被竊盜，失去金錶、錢財、洋衣等物，皆隨時報地方官。清河陳令，並不緝賊保護，間或派一、二兵丁，巡視片刻即回。教士等何以安枕？該令前在寶應，即未能保護洋人。今對此案，仍復如此。恐於邦交有礙，請即撤換，另派賢員接任等語云云。陳令貪得搜括，邑人共憤，前已述及。然其被撤，實因洋人不得安枕。此亦官場之奇聞也。

三、軍紀廢弛、軍心渙散

淮陰軍界之腐敗，與政界難分上下。然彼等係有槍者，赳赳武夫，欺壓小民，滋擾鄉里，尤勝於衛署差役。甚至搶掠財物，強姦婦女，亦時有所聞。

清末各地駐軍，原為綠營，分歸各衛署管統。茲後實施所謂新政，練新軍，開學堂，設警察，籌辦自治，綠營亦逐步撤銷，兵官遣散，嗷飫無所，多成為盜匪流痞。由地方管領之武裝力量，則稱之為巡防營，類似後世之保安隊。巡防營份子複雜，往往兵匪難分。

宋滿堂者江北之匪魁也。黨羽眾多，剿捕非易，前年招其投誠，委充防哨官。今夏大吏派彼往徐海一帶緝拿匪首王紹西，乃宋故態復萌，所到之處，仍行搶劫，回清後又復偽造紙幣，事為上臺所聞，撤差發交巡防營務處審辦，於十一日將其正法示眾。至於營坝、西坝及西北圩門口之搶案，亦皆營兵所為。

新軍為代替綠營之陸軍。在天津組訓者，武昌首義後，多數成為北洋軍閥部隊。各省亦組訓新軍，以後多成為革命軍之主力。駐淮之陸軍十三協（旅）為北洋南調者。外表華美，營房壯觀，然官兵素質，依然如故。

庚戌十月八日，江北提督雷振春，出題考試十三協全體軍官三百四十餘人，能書寫成文者交到試卷一百五十餘本，不到二分之一，其餘軍官，包括若干中級軍官，皆目不識丁，自標統以下諸軍官，如管帶、隊官、書記等皆以嫖賭為能事。雷到任後，曾撤換協統以下軍官數十人，皆為安插私人，段祺瑞到任數月間，撤換者又數十人，然軍事不振如故也。

協統楊寶善乃高級軍官，酷嗜鴉片。前任協統徐怡亭新建營房，款項下撥後，因徐急於建築私宅，遂先私而後公，迨宅第建成，徐已被撤，新官交接，則有帳而無房。已撤輜重管帶趙某，在任時，裝運輜重，船價從未清給。李姓船戶，積欠尤多。李往索款，趙大怒曰：我差已撤，安有閒錢還汝？李不能甘，坐索愈切，趙復誣彼訛詐，令家人提將官裡去。巡警區長不問皂白，杖責數十，取保始釋。李受辱款沒，遂在趙家廊下吞鴉片自盡。其子控諸縣，陳大令往驗屬實。而趙竟肆其財力，並不到案。

一般官兵，嫖妓宿娼，爭風毆鬥之事，時有所聞，甚至有大兵強姦民女者。西壩為鹽商滙萃之區，妓館林立。十三協官兵，不時前往嫖賭，屢起爭端。提臺扎飭嚴禁，不准官兵前往，並在渡口派兵稽查。平息數日，六月間，一任姓排長在某妓館尋歡，後幾名士兵亦往該處，大受排長申斥。越日，士兵前往報復洩憤，排長逸去，遂遷怒妓館，大打出手。六月初，十三協士兵二人，行經文廟附近，見夏氏婦獨行，遂起淫念，將該婦拖至某處，實行強迫，該婦堅拒。二局巡警聞聲趕至，將二士兵帶局，轉交陸軍警察隊（即憲兵）處理。至逃兵革勇，往往流為盜匪。十月間，河北石碼頭某姓家突來身著無肩牌軍衣之匪徒五、六人，手執利器撞門而入，搶去衣飾等物，值百餘千。

十三協上下腐敗如此，其戰鬥力可以想見。五月間，段祺瑞接奉陸軍電文，以東事日亟，英日俄三國逐步窺伺，擬將十三協調東駐防，以固邊隅。段提接電後深知該軍積習甚深，斷難禦敵，且又恐實行東調，軍心懷疑，懼生他變，當即復電，以江北民風強悍，且當此飢饉之年，尤為群盜如毛之日，百事賴茲鎮攝，倘該軍調東，則江北空虛，恐遺後來之患也。

尤值注意者，江北陸軍自庚戌年春間告警後，即將各士兵之子彈一律收回，蓋所以思患預防也。年餘以來，仍然如是。雖逐日下操，實未放過一槍。彼等肩上之新式步槍，實際只是一根鐵棍而已。春間，廣州革命黨起義消息傳來，淮陰官場風聲鶴唳，草木皆兵，江北提督亦杜門不出矣。後又傳言，革命黨首領某，由粵北上，道經江北，官場頗為動容。江北當道又接祕密報告，有匪黨潛匿寶應、八淺地方之大王廟內，門前及居民門首均用粉書太平二字為暗號。當道立即派人查訪，毫無所獲。其太平二字則當地做土地會，書之以求吉利者。淮陰之軍火庫、軍服庫，皆要地也，原不過三、五人看守，茲亦派出一名士兵，執槍站立門前，以示警戒。

概而言之，新練陸軍如十三協者，年耗數十萬金，外敵之前，則廢物一堆，滋擾人民，則為害百端，實江北一大禍患也。

四、水災連年、民不聊生

官患、兵患之外，為害江北地方慘劇者尚有水患。

自一九〇六年（丙午）以來，江北水患連年，飢民遍野。雖經官紳等極力開辦賑濟，然杯水車薪，無濟於事，鄉民因飢而死者，十分之三。生者尚望麥秋豐收。然去歲除夕大雷雨，旱地水深尺餘，低窪之田，淹沒殆盡。立春以來，如能晴好，鄉農或可復甦，然五月，復異常寒冷，大雨如注，麥苗皆浸泡水中。八月間，大雨連降三晝夜，平地水深數尺，城內外交通斷絕。提督衙門、商會、江北師範皆被困水中。臨河一帶房屋倒塌十之四五。運河陡漲六尺餘。四鄉平地水深五尺，一片汪洋。浪石、牛皮、漁溝、三棵樹受災最重。秋末淹沒已盡。故四里飢民又紛紛外出逃荒。徐海災民南逃，道經淮陰，各處災民匯合，繼續南下，至揚州，地方官員奉命攔堵，於是，十萬哀鴻，又復回流淮陰。後受災諸縣又奉命禁止災民外逃。災民只能聽天由命，死而後已。

災民餐風露宿，日曬雨淋，面無人色，骨瘦如柴，見之令人心酸。浦惠粥廠前每日聚集萬人，二月間，一孕婦領粥被擠流產，幾至喪命。四月，河北海神廟口，開售豆餅，購者頗眾，一十餘歲女孩於人叢中被推倒，眾足無情，竟至肝腸盡出。街頭插草標出賣兒童者比比皆是。中青年災民，往往於鬧市搶奪食物。最慘者則為老弱。有一老者傴僂而行，至南巷地方，為石所絆，隨即暈倒，少頃復甦。或問子病呼？曰非也，不食已五日矣。飄飄若浮，幾不知身之所在矣。言已，長吁而淚下。春夏之交，天時或寒或熱，疫病叢生。雖經地方捐款，在玉皇閣設立療病所，無如患者久飢兼病，頗不易痊，每日死者達二、三十人。有一哀鴻，一家六口，未旬日而同赴泉下。同胞，同胞，何不幸若是耶！

程君文彬，本舊家子，境遇不佳，形甚落拓。去年除夕，家無餘糧，處斯境者，大有壯士無顏之慨。君因己及人，目睹災民慘狀，毅然斷指血書，申請當局，大力賑濟。血書情詞悽婉，不忍卒讀。段提捐銀五百兩，為各界之提倡。此事發生後，士紳已分電同鄉各官，求為捐助，以援桑梓。山西巡撫丁寶銓復電捐銀千兩。

在玉皇閣災民療病所服務之醫生，純盡義務，活人無數。醫生王瑞堂、萬劍青及魏某因終日疲勞，竟然傳染時疫，不數日間，相繼故去。此感人至深也。

程君文彬及以身相殉之諸醫生，皆辛亥救災中之仁人義士，理當留名青史者！

救災之道有三，即施粥、賑濟、平糶。

浦惠粥廠為紳商捐資合辦，開放施粥以來，活人頗眾。惟災民眾多，而經費有限，自清明節起，不得不暫時停辦。一般持此度命之哀鴻大失所望，困苦處境，更為可憫。皖江振務大臣馮夢華前已撥款二千元資助該廠，後又續撥三千元，該廠得以接續施放，以惠貧黎。並在校場、覺津寺、福田庵、禹王宮分設四分廠，發給憑票，以示限制。

賑濟即向四鄉災民放糧發款，此為救災之重要內容。然弊端亦為普遍。歷來放賑，皆鄉董、集主負責，其不肖者往往乘機勒索，或親戚故舊，雖非赤貧，亦乘機冒領。亦有發給賑票，寫明人口憑票領賑，不肖又製造假票，從中漁利。華洋義賑會亦送來麵粉、現金，交由美國教會之仁慈醫院林嘉美醫師，親自下鄉發放，在城區災民每人發洋二角。

平糶即低價向災民出售糧食。三月間，馮夢華大臣借銀二萬兩撥米二千石，段提借銀一萬兩，開辦平糶。十五日發售，米價每升竟為七十五文，且紅朽不堪，較之市間七十文左右者尚且不逮，且升斗亦小，直與營業性質無二，故開售一日，購者寥寥。貧民多罵裕寧經理張小樓。據云，米由渠購，價亦由彼在某署議定。其間理由，不言自喻。

總之，上述救災辦法，皆屬治標之道，哀鴻受惠，得以苟延續命者不少，但借此發救災財者亦大有人在。

辛亥大災之年，流民處處，嗷嗷待哺，然娼寮妓院、酒樓茶舍依舊歌舞昇平，彷佛盛世。而麻雀之戲，更盛往年，官商軍警，皆嗜竹城。甚至寺廟庵壇亦有借抽頭謀利者。佛門之地，不見禮佛參禪，但聞麻雀啾啾。凡此種種，皆皇朝末代，氣數將盡，無可救藥之景象也。

救災治本之道在於導淮。惟多年來民窮財匱，旋起旋墜。後雖設立導淮測量局，然工作並未實際進行。六月間，美國紅十字會擬捐款來華，修治河道，並電華外務大臣，詢問中國是否認可，能否招待保護。大臣認為應即照准。十月間，美國工程師詹美生來江北考察，在海州、宿遷等地轉了一圈，茲後亦不了了之。導淮乃一宏大工程，豈能完全依賴外人。當局此舉，純屬應付輿論。

五、工商凋敝、金融紊亂

天災人禍，上下交征，百業凋蔽，首當其衝者厥為新式工業交通。

清（江）徐（州）鐵路，長約三百九十里，完全商辦，於己酉年開工建築。由清江至楊莊十五里之鐵道並總站事務所各房屋，計共用銀六十餘萬兩，而至楊莊尚有三里未鋪軌。庚戌年秋，因經濟異常困難，各商所認股款多未繳齊，以致辦理一切，頗為棘手，不得不宣告停工。淮陰史上第一條鐵路，未出娘胎，便告夭亡。鋼軌蜿蜒於衰草碎石之中，徒供後人憑弔。

清江大豐麵粉公司開辦後，頗見發達，嗣因江北連荒，麥價踊貴，浦民歸罪於公司，群情大憤，幾釀風潮。經官家勒令出麥減價平糶，公司因之停機。所有各號通融之款，均已歸還。秋間欲行開機，又為銀號倒閉，浦莊亦受影響，無款可以周轉。茲後官家又對小麥之運銷採取種種限制、規定，大豐廠更無活動之餘地。

對淮陰官商影響最大者則為起源於京滬，波及江北之銀莊、銀行倒閉風。

三月二十三日下午二時，浦人紛傳衡豐錢莊將倒閉，一時持票兑錢者途為之塞。執事人等恐慌異常，立請官府派兵彈壓，一面由商會轉請錢莊接濟代兑，至深夜十二時，人始漸稀。未幾，衡豐之聯號義善源票莊亦告擱淺，相繼倒閉。二號共計虧款達八十萬兩之多。其中包括駐軍餉銀十三萬兩，廣東官家存款四萬兩等。官商往來，影響直隸、兩江、湘、廣、安徽諸省。

義善源票莊為一大型財團，在各省各埠皆有該莊字號及相關銀號。該莊名義負責人為郵部右丞（相當於副部長）李經楚。據李稱，因銀根吃緊，周轉不靈，全國各號同時收歇。核計帳目，存欠兩抵，有盈無絀。所存官商各款固宜從速清繳，而所放各款，亦須趕緊收回。以欠還存，方為正道。但各號既已歇業，專恃夥友收帳力量微薄，懇請督撫派員會同商會，逐戶催取，以便歸還存款。

李某之辦法，無非讓存戶各憑權勢，催欠還存。官家或可取回若干存款，一般商人只能自認倒楣！

四月間，總行設在揚州之清江和大銀行，亦宣告倒閉，虧款十七萬兩，其中江北提督衙門存款為六萬兩。普通商民受累不淺。金融界之風波，對於蕭條之市場無異雪上加霜。

城內外貧苦居民生計日絀，物力維艱，不少人被迫作神女生涯，以為餬口。私娼約有二百餘家，較以前增加十倍之多。寒風漸起，尚有披單衣而倚門者。此亦亂世之哀鴻也！

江北之財政困難為另一引人注意之現象。江北陸軍預算部議裁減達三十餘萬。經提督段祺瑞安排，五月起，十三協各營備補兵及學兵營全部裁減，軍官薪水八折發給，軍佐九折等。八月間，陸軍部通知，所有陸軍制服限明年二月前遵照奏定式樣改齊，據悉，官佐著裝費用均需自理。下級軍官所需達三百餘兩。排長、司務長，所入有限，扣除逃兵罰款、伙食等開支，所入不足十兩，若改著裝，則一文莫名。怨怒之色，皆現之於面。各衙門財政困難達於極點，收支總局幾有無可應付之勢。總辦奭道，萬分為難，只得酌擬裁減，凡宣統元年（一九〇九年）清查後增加之款一律裁去。提督衙門文案及他項差使，多有名無實，與掛名乾俸，略不稍異，應酌量裁減。各署執事人等，自二月起一律裁薪二成。江北師範學堂創辦於光緒三十二年（一九〇六年），經費向恃江南江北補助，茲因財政困難，勢難繼續。學堂監督擬令各生自行捐繳膳學費用。各生家境多數貧寒，無可應命，故有解散之議。功棄半途，殊可惜也。

六、武昌首義、淮陰光復

霹靂一聲，武昌首義，舉國震驚。淮陰官場人物，表面鎮靜，暗中則紛紛準備後事，以現銀購買黃金。金價本四十換（銀換），頓漲至四十八換，且有價而無市。銀洋之價亦逐漸上升，每元換至一千三百七、八十文。持紙幣者紛紛拋出兌換。銀號錢莊一律停止放款，能收回者，莫不上緊催迫。

電報局為消息靈通之所，日來往來電報繁多，有關軍事者佔大半。提督段祺瑞以現在軍事吃緊，對有關軍事電報非嚴加管制不可，特派員駐守電報局，非經該員認可，有關軍事電報一律不得發出。陸軍十三協官兵信件原皆由郵局直接送達，現凡士兵之信件，須經隊官拆閱檢查，軍官之信件，須經標統拆閱檢查。憲兵、警察頓形忙碌，日夜巡邏不息。除原有崗位外，警局在偏僻之處又加設崗哨，以資防範。

清江經理報紙者僅圖書公司一家。自武昌首義之後，各界人士莫不爭先看報，冀得各地消息。每晚，招商局輪船抵埠，郵來報紙，購者即紛紛前往該公司，等候發售，其門若市。

未幾，江北提督段祺瑞奉袁世凱電令，調往湖北主持軍務。提署一切事宜，歸淮揚道奭召南代拆代行。此人自接獲武昌起事消息後，緊張之極，幾乎終日以淚洗面。從前牌、酒之興頗豪，近來消失殆盡。月前接官軍大勝來電，即榜示全城，乃竟屬子虛，輿論嘩然，茲後又接來電謂官軍克復漢口，隨又榜示於外。三小時後，又接來電，謂官軍復又大敗。奭某接電之下，幾乎手足無措，痛哭不止。居住淮陰之滿人有改名換姓、變易裝束者。

光復前夕，十三協兵變，夥同土匪，燒掠搶劫，淮陰城鄉，飽受禍患。僅商號之損失即達六百萬元之鉅。茲後散兵復侵擾鄰近各縣，土匪又乘機搶掠，商民損失，更難估算。

九月十四日一鼓時，城內商民人等多尚未閉門，北門外突來軍士八十餘人，云道臺大人傳彼等到署保護。進城後，即撲攻道署。奭道由後門逃逸。眾兵尋道臺不見，即整隊離署，出東門而去，並囑居民無恐，照常生意。十五日，士紳及商會負責人開會討論組織商團事，並要求巡警嚴加稽查。行人皆由東門進出，水門、北門僅供水夫出入。商民以該軍士等具有革命思想，舉止文明，故皆不經意也。是日晚十時，黃河灘之軍營忽然火光燭天，槍聲大作，乃輜重營士兵放火燒營。步隊數營不與聯絡，因此兩相轟擊。步兵不敵，退往他所。輜重營兵遂往王營，四處搶劫放火，商號與殷實民家被掠一空，流痞繼之，地方糜爛殆盡。十六日天明，士兵數人荷槍來到河北，沿街搶劫。土匪多人隨後行動。士兵以土匪為爪牙，土匪則藉士兵為護符，河北一帶商店及居民稍有價值之物品，皆一空如洗矣。上午八時，營兵整隊而來，在城北以機關炮向城內射擊。清河邵令、商會總理劉少清等乃以該軍支持革命，志在得城，遂大開城門，並在沿街懸掛白旗，以示同情。入城士兵皆身荷快槍、袖繫白布，與革命之民軍並無不同。乃甫入城即大肆搶劫，商民所有黃白細軟，皆入士兵囊中。大批土匪隨之活動，無物不搶。士兵至縣署，打開牢門，釋放所有囚犯，並各給快槍一支，命其四出搶劫。兵匪之間又因搶劫發生衝突。總計被擊斃之匪徒六、七十人，亂兵死者一百餘人。各衙門雖完好如故，然錢財皆為兵匪所掠。提署庫存二十萬，轉瞬一空。當亂兵轟城時，各官皆逃避一空。奭道坐小轎出南門，繞道至淮安，搭輪南逃。是日尚有士兵一隊前往淮關，關督接見，並盛筵招待，送銀六百元，地方得免騷擾。十七日亂兵皆出城逃走。腰纏累累之落單者又往往遭受土匪搶劫。督練處參議蔣雁行出示召集舊部歸隊，回營者不到十之五、六。兵亂之後，土匪繼續滋擾。四鄉甚至有稱王稱帝者。城內官商士紳在巡警公所設立辦事機構保安之所，一面請蔣參議安置未叛之士兵，一面組辦民團以靖地方，安定人心。然市面一片蕭條，商店無一家開市。

經過各界代表數百人反覆協商，九月二十二日一致推舉蔣雁行為江北都督，楊慕時為民政總長，陶思澄為財政總長，魏宗澣為參謀部長。是日即為淮陰之光復日，次日出示安民，決定裁撤地方雜捐及江北各地厘金，籌加兵餉，招集流亡，並札飭徐、海各屬。浦地城內外一律懸掛白旗，各家門首燃燈慶祝。不久，淮屬各縣及徐、海諸縣皆相繼宣告光復。

軍政分府成立伊始，百廢待舉，首要則為財政問題。西壩為鹽政薈萃之區，財力豐厚，該處公推代表數人來浦，向都督表示，自願擔負軍餉。財政部長陶思澄即為該處推舉者。鹽厘總局與淮關每年收入巨萬。光復之後，關員官政，總局總辦袁南生遲遲不交帳目和款項。經各界將二人請至商會，勒令交帳。軍界人士至，拔槍威迫。袁交出帳目，計存銀四十三萬餘，惟現款很少，亦僅有現金一千二百兩。軍政分府，將派員提繳。

十月間，南京光復臨時政府成立。江北人民，莫不歡欣鼓舞，社會秩序，亦逐漸恢復。軍政分府通知所屬，一律開會慶祝，並發佈通知：一、各局及學堂建豎國旗；二、軍官、軍士及各部部長，部員一律剪辮；三、軍官、軍士及巡警一律摘去原有帽徽；四、商店招牌一律除去滿文云云。在此以前，有識之士早已紛紛剪去豚尾矣。

一片慶祝光復共和聲中，仍有頑固不化、麻木不仁者。清江碼頭鎮巡警總辦王某來浦謁見民政總長，居然仍按清制，頭戴紅纓大帽，乘四人肩輿，更有紅傘一把，於前引導，經過圩門，見者皆驚，以為怪。有人攔輿詰問，王尤不服，且欲施以鞭撻，見者大憤，遂將其紅傘、肩輿等撕毀殆盡，聲言：汝既為清廷官吏，自不准越吾漢族光復之地一步。王知眾怒難犯，乃抱頭鼠竄而去。此亦光復聲中之趣事也。

七、淮陰光復、蔣督政績

辛亥年農曆九月二十二日，淮陰光復。原十三協參議蔣雁行被推舉為江北都督，暫時署理原江北提督事務。故淮陰之光復，實與江北大局關係極大。未幾，淮、徐、海所屬各縣，皆紛紛宣告光復，並電告蔣都督，「附屬江北，以一事權」。

民初前後，江北大局動盪複雜。政軍學商各界中具有民主共和思想固大有人在，剪去豚尾、摘掉頂戴、口頌共和、心在祿位，混跡於軍政官員者亦不乏其人。災荒未去，哀鴻遍地，兵亂之後，土匪蜂起，打家劫舍，攻城搶掠，股匪竟有多達數千人者。加之張勳盤據徐州，威脅江北，各地為自衛計，紛紛組建軍隊，開辦團練，成員亦頗複雜。淮陰駐軍，一度竟達兩萬人之多。

蔣雁行擔任江北都督為時半年，以一客籍普通軍官，且在十三協中本無統兵實權，於兵荒馬亂之中，多方籌劃安排，亟力穩定地方，實非易事。

光復後之首要大事自為整頓軍隊，綏靖地方。兵亂之前，駐淮軍隊，除十三協十一營外，尚有巡防六營、鹽務緝私等營共有萬餘人。變亂之後，十三協存留十分之四，其他各營仍然如故。蔣都督將各軍混合成一，共編成步兵四標（團）、炮兵兩營（炮四十餘尊），炮艇百餘艘，計成一鎮（師）之數。後又編練民軍一營，大、中、小各隊長均由陸軍或將備學堂學生充當。此後年餘，淮陰未再出現股匪活動。蔣君並派出部隊，前往鹽、阜、宿、浦及蔣壩、高良澗等地駐守，安定人心，以利交通。淮鹽稅收年入近百萬，變亂之後，道路不靖，湖販不能運行，蔣君派出軍隊，在湖面一帶，專司保護鹽運之責。

對於大膽行騙之流氓歹徒，蔣君亦嚴厲鎮壓。有李文釗者，本陳家集之痞棍。以聲名狼藉，本地難以存身，遂竄至鎮江。時湖北都督黎元洪派李登雲與謝某，前來江北聯絡一切，甫至鎮江，李即病於客寓，謝遂先往他處。李文釗亦寓該棧，乘該員昏迷之際，竊取其照會與手槍，並將李登雲改為李澄雲，返淮以聯絡員之身份，公開進行活動，夥同幫會份子，詐騙財物達數千金。適聯絡員謝君抵淮，向蔣都督揭發真象。蔣立時懸賞五百元緝拿。捕獲後在都督府照壁前斬首正法，黨羽大恐，紛紛逃散。

時清廷江南提督張勳原鎮守南京，光復前屠殺人民數千人，後兵敗北竄，盤踞徐州，一九一二年初，時時派兵騷擾，威脅江北。一九一二年一月初及一月中旬，蔣雁行先後致電孫大總統與上海民立報，公開揭發張勳動向，並要求電飭揚、鎮各軍，迅赴宿遷，協同預備抵抗。事危機迫，萬望速示機宜。未幾鎮軍第三旅團長張性、揚軍協統米占元，先後率部抵淮。張性一九一二年一月二十六日致民立報之電文中，有「今日之城中雖非滿家之天下，而袁世凱之賊心叵測」等語，可以代表當時有識之士對大局之估計。故陽曆二月上旬，清帝即將退位之消息已經傳出（清帝二月十二日宣告退位）但江北形勢依然緊張，蔣雁行任命標統車慶雲任清江城廂衛戍司令。進出城門皆受稽查。農曆新年前更須布八大禁令：非攻敵剿匪，不得鳴槍，禁放爆竹，禁止賭博，軍界除長官及衛兵外，出外不得攜帶武器等等。

茲後，孫中山先生辭去臨時大總統職，袁世凱被選為總統，但拒不南下就任，形成蔣雁行通電中所稱之微妙局面：「袁大總統雖經舉定而尚未任事，孫大總統雖已引退而未經解職。」淮陰準備鑄造銅元所遇之困難，正反映這一局面。當時江北兵餉支絀，每月發餉大半由南中各省支助。嗣經參議會提議，以清江銅元局機器廠房開爐鼓鑄，足敷江北軍餉之用。蔣雁行呈請袁世凱並報請南京財政部。袁復電准予開鑄，已鑄月餘，而南京之財政部則不予認可。

一九一二年五月總統命令，將江北軍政府裁併，諸事歸江蘇都督管轄，並實行軍政分統，派護軍使駐淮，統率軍隊。十七日，新任護軍使劉之潔抵淮。十九日蔣發表告別各界書云：「半載之中，如馭朽索，如履薄冰，兢兢業業，不敢苟取。」二十日，蔣君離淮南下，各界恭送至淮安。蓋以蔣自光復以來有建設而無破壞也。

八、熱衷建省、終未如願

江北軍政府之裁併，與光復以來淮、徐、海諸縣地方人士熱衷於江北建省活動亦頗有關係。光緒年間，江北曾一度建省，旋即裁撤。光復後災情依然，匪患遍野，且南北對峙，江北動向，勢必影響大局，然江北各縣代表皆計不及此，所爭者唯在建省。公曆四月十九日，民立報刊登蔣雁行之通電，有對江北建省，屢次勸阻，屢屬無效之語，當非虛言。

建省活動之進行可謂緊鑼密鼓。公曆三月二十五日民立報刊出由江北聯合會具名之致江蘇省議會江北各議員公開電，表示將組織江北議會，要求江北籍議員辭職返里，共圖進行。前後由各種名義致中山先生與袁世凱之電報，不下數十通。四月十二日總統回電謂此事需經參院批准。各團體又復電爭，云若仍無效，擬即自謀。四月中，以都督名義致電江北二十八縣，請地方議會推選議員代表二人，來淮討論組織江北議會事宜，茲後又派員多人前往各地敦促。二十四日，江北臨時會議竟在淮開幕，與會議員二十八人，代表十六個縣，占江北各縣總數百分之六十餘。會議進行三日，議案均未涉及江北當務之急——救災與治安。蓋此兩大難題，江北各縣皆難以自決者。

公曆五月六日江北爭省代表五人離淮去京。未幾，袁世凱下令裁撤江北軍政府，江北民政事宜直接由省統管，江北民政長駐南京，淮陰僅設民政副司，財務則設立江北財政委員，駐淮陰，統管淮、徐、海三屬丁漕關稅。江北高等審判廳與檢查廳亦相繼成立。至此，喧鬧半年之久，耗費如許精力之建省活動遂告平息。然江北之官制人事安排，似仍未妥貼。一九一二年十二月，江蘇都督報請國務院批准，任命黃以霖為江北巡察使，幸黃固辭。十羊九牧，不知要此許多大官何用也！

九、政黨林立、議會失控

民初另一新事，為政黨之建立與議員選舉之進行。淮陰建立之政黨有寰球大同民黨清江支部，同盟會淮北支部，統一黨、工黨、社會黨、大同共濟黨、共和黨。各黨中，同盟會有明確綱領，在辛亥之前即進行實際革命活動，在全國有廣泛影響，並在一九一二年八月遵照孫中山先生建議，改組為國民黨。十一月中，國民黨江蘇支部副長武仲英曾來淮陰，聲援並指導江北支部。其餘各黨綱領章程，一般人多不甚了了。

黨派林立之背景為當時實行之議會制度。蓋欲當議員勢需入黨，議會中之多數黨將組成政府。志在安邦定國者，圖謀以此制約袁世凱之野心。志在利祿者則以當選議員為結交權貴晉身政壇之階梯。前者自屬少數。故議員選舉往往成為鬧劇。

一九一二年十二月中桃源縣三區，選舉眾議員，突來多人，搶奪票櫃，繼之撕毀所有選票。清河（淮陰）初選眾議員，市議長安樹風，恐己票數不足，竟搶馬頭鎮選票四百張，填寫己名。該鎮人民大憤，擬提起訴訟，如屬實，不知安某將犯刑律何條何款也。山陽縣（即淮安縣）亦發生選舉訴訟案，設於淮陰之江北高等分廳開審，竟不准被告律師到庭。國民黨、共和黨分電司法部與江蘇都督，謂廳長違法亂章，請即撤換。

一〇、烈士遇難、興師討袁

一九一三年三月二十日，原民立報主要負責人之一，同盟會前中部負責人、國民黨代理理事長、國會多數黨——國民黨議員領袖宋教仁，在國會開會前夕，被袁世凱派人暗殺於上海。四月十三日國民黨江北支部舉行追悼大會，到會者三千餘人，收到各方輓聯二百餘副。宋先生為民國元動，其不幸遇難，使袁賊面目更加暴露於天下。未幾，中山先生即發動興師討袁。

一一、封建餘孽、吏治腐敗

上述諸事，皆民初淮陰以及江北政壇上層人士之表面動向也。至於吏治情況，可以稱之為新氣象者，為數極少。蓋清季末葉，中央政權自由皇家及貴冑控制，下屬官吏則多為漢人。淮陰為江北重鎮，滿族官員亦僅有二人，即淮揚道奭召南與外河口關委瑞成，光復聲中，皆挾其貪囊外逃安作寓公。不少漢官則改裝易服，繼續混跡於宦海之中，駕輕就熟，劣跡依舊。

江北護軍使、陸軍十九師師長劉之潔公曆五月中到任，未幾即電上海，請與其有師弟之誼之鄢玉春為高等軍事顧問。鄢某清末為江北督練公所總辦兼葦蕩開墾營總辦，光復時逃居滬上。此人嗜好極深，每日需打嗎啡數針。十月間設立軍政廳，又委派鄢為廳長，繼又兼任清鄉局總辦。軍界對此早有煩言。後陸軍部電令為軍官授予軍銜。護軍使又令軍政廳議定。茲據議復，三十八旅旅長楊春普、三十七旅旅長車慶雲、參謀次長石傳華等皆請授陸軍少將，而鄢獨請授中將。楊、車等不服，公開宣佈其光復前之作為及吸鴉片、打嗎啡之惡習。劉之潔無法平息眾忿，遂示意鄢辭職，以全體面。民立報以「不如回家打嗎啡」為題，刊出報導此一事件之通訊。

劉護軍使之舅丈人衷興哲，前清時任清河南河同知，巧手鑽營，聲名狼藉。劉初到任，衷即思得好差，劉恤人言，遲遲不敢安排。一九一二年底，劉以清理公易銀錢局各號欠款為名，委衷幫同理帳，月入六十元。衷識字不多，不知彼如何清理也。

民初淮陰官場之一大事件為護軍使老太爺之六十九歲大慶。老太爺名達觀，生日為一九一三年五月二十三日。先期三月，即發出壽啟千餘份，遍及各機關、團體、黨派、軍官等。諸士紳亦收到縣知事通知，居時務必到護軍府祝賀。一時間，銀匠店、裱畫店皆異常忙碌。各軍官亦皆奇思百出，置辦禮品。十三日，封翁抵淮，大批軍官士兵列隊河干迎接。高級官員上船問安，封翁下船後乘綠呢大轎迎入官署。然劉護軍使忽得消息，云巨匪仲八（仲兆文）居時將來「拜壽」，因之焦急驚恐。二十二日發出戒嚴命令，軍隊巡邏，四圩及城門加派崗哨。壽期仲八並未進城，虛驚一場，真是大煞風景。

民初官家捐稅之多，為一大特色。清江第一市公所自成立以來，所辦實事極少，感興趣者皆為辦捐。有人寫竹枝詞一首，描繪此事。「十條議案九條捐，不愛聲名只要錢。土木泥瓦齊列舉，浴茶柴草更居先。二成好處甘嚐糞，一半沾光在禁煙，更有兩般堪發噱，教他僧道淚漣漣。」

一九一三年初，陰曆年起，城廂賭風又復大興。一般遊手好閒之徒，日日呼么喝六，政界中樂此不疲者亦復不少。三月間，警局獲一賭犯，罰金數元。彼云錢在某處，煩君同往一取，乃帶巡士至護軍使之舅丈人袁與哲宅前去，門內有牌聲，某局長、某科長正築竹城，何不拿彼等而抓我？彼等皆闊老，可得罰金極多。巡士不敢入，某遂逸去。賭鬼心懷不平，戲弄巡警，此豈民國之新氣象乎？

一二、公售鴉片、貽害無窮

淮陰商會公開出售煙土案，乃民初值得一說之怪事。事出商界，卻關係方方面面。淮陰經光復前夕兵變，市場蕭條，唯獨煙土行業，興旺發達，新開煙土店不少，公開發售，黑籍人士，得其所哉。官方稱此類煙土為私土。顧名思義，當另有官土在焉。一九一二年底，縣知事迭接省長通令，限期禁售煙土。各土店即遵示閉歇，共存餘土五千餘兩，由商會報告縣府，餘土亦封存於商會。茲後，商會多次逕電省長，請示辦法，待至多日，未接復電。此時，警察局咨文商會謂：所存之土，如欲出售，警局當派人監督云云。警局開放綠燈，商會與土商遂公開出售存土。售土所得，抽洋若干酬謝某些機關、團體與個人。利益均沾，皆大歡喜。售土二十天，省長來電禁售。縣署遵令辦理，所餘煙土由縣署發給護照、印花，運往上海處理。私運禁物，官給憑照，如何措辭，其中當頗有學問。豈經此手續，私土即成官土乎？

一三、災荒匪亂、爲禍爲患

災荒與匪亂為民初江北兩大禍患。一九一二年五月初，宿遷陸承卓致民立報等報之乞賑電中，有「因災成亂，亂極災深」之語，對災亂關係可謂精闢簡明之分析。

一九一二年三月十日，民立報刊出由江北參事會、各縣議事會等機關及清河民政長、保安公所致大總統及上海各報館求賑電報，詳述災情實況，讀之心酸。茲摘錄於後，他年國泰民康之日，當知人間亦有地獄在焉：

「上年水患之大，數十年所罕見。大荒之後，繼以兵凶，現經其野，自朝至曉，不見炊煙，不聞雞犬之聲，牛驢羊豕，更無論矣。所遇之人，面目黃腫，略具人色者，居十之二三，面無人色且同地獄之餓鬼者十居八七。可保旦夕之家，欲求糠粃亦不可得，唯以豆餅和野菜雜煮之。此尚屬上等者。其次則取樹皮草根以忍死須臾，再下則有咽灶下青灰者。大道之旁，居民遺矢，顏色青綠，可知其所食何物矣。鄉俗死人則焚其所臥草席，村莊之外，新燒灰痕到處皆是，則餓斃之人數可知矣。骨肉遇於途則相持而哭，無非互弔，人口凋零，生機盡絕，各去冥路不遠也。城市所見，多逃死求食之鄉民。施材處每日不下數十具，大有應接不暇之勢。生計日艱，慘狀日亟，若不速救，則淮之清、安、桃、阜，海之贛、沭，徐之宿、邳、睢，將有人稀地廣、荒蕪不治之危。值此四郊多壘，人心不靖之際，倘強桀者挺而走險，萬一生事，影響所及，關動大局。」

此為求賑之電報，旨在評述災情，對匪情則點到為止，留有餘地。實則各地土匪如毛，起則成千，伏則四散，兵來它往，兵去復聚，綏靖已極不易。是夏，二麥豐收。據田家云，每畝可收一石餘斗，雙穗之麥尤多。新麥上市，每石售價二元五角左右，較前月下降三分之二。麵粉每斤售三十餘文。災情大緩，匪情則依舊猖狂。

民初江北匪情以淮、徐、海三屬各縣最重。山陽之涇溪、新官，沭陽之高流、陰平，安東（即漣水縣）之馬厰，桃源（即泗陽縣）之王家集，徐州之窯灣，海州之莞瀆、馬陵山，邳縣、宿遷、睢寧、贛榆四鄉皆土匪嘯聚之所。邳縣、贛榆城廂，且曾被攻入，備受洗劫。股匪少者上百，多則成千。匪首仲八、潘虹亮、高恆保等一時成為江北之知名人物。

治匪之道，無非剿撫。然二者皆需以軍事實力為後盾，以社會進步為根本。以軍事言，民初淮、徐、海三屬之駐軍可謂不少。淮屬諸地者有劉師，徐屬有冷師，北調支援之揚（州）軍、鎮（江）軍、寧（南京）軍，此外尚有各縣之保安隊、緝私營、團練等。故軍事會議上有「江北軍隊林立，險象環生」之語。然歷次剿匪，收效極微。

一九一三年六月官軍於沭陽丁莊圩圍攻仲八股匪之役，為民國建立後最大之軍事行動。丁莊圍牆雖不甚高，然四周溝塘較深，自四五尺至七八尺不等，圩北復有寬十餘里、長數十里葦灘，便於竄匿。故仲八敢於率七十餘人，盤據該莊，抗拒官軍。六月十日官軍三千人，由旅長石佳華指揮進圍丁莊，並封鎖莊北之葦蕩。十二日午後，開始接火。此後每日晨三時至上午九、十時，官軍均發炮數十響，放快槍數千發。然匪則極少還擊。二十日旅長親臨戰地，下令次日下午登圩。是日，有告奮勇之士兵四十人泅水過塘，率先登圩，眾兵繼之，圩遂破。斯時，附近鄉民皆登高處遙觀，以為仲八必將授首矣。孰料匪於民居穿牆透壁，狙擊官軍。士兵四十餘人陣亡，仲八竟於混亂中率其黨羽二十六人，向西北逸去，在濫泥洪一帶，召羅亡命，繼續為害鄉里。是役也，官軍之無能，土匪之狡猾，演示無遺。

官軍通匪、縱匪之事屢見不鮮。海州巨匪高恆保被招安後，統率黨羽數百人為一隊，但時時以無餉復叛要挾地方。三十七旅旅長石佳華前往視事，巡視各營，至響水口擬借機調高恆保部隊予以繳械，全部槍決。營長陳少康素與高通，遂縱高所部逃逸。旅長見事不妙，即撥隊逃治城。高糾合死黨數百人，於路襲擊，旅長之船隊被擊沉四艘，衛兵傷數人。

一九一三年三月，護軍使劉之潔帶兵一營，巡視各地，行經八灘鎮，士兵竟夥同當地歹徒，大肆搶掠，幾將該鎮一掃而空。劉槍斃變兵十數人及當地歹徒，局勢始得平靜。

高級軍官率隊出巡，隨行士兵尚且如此胡作非為，下級軍官及其統率士兵之作為更無論矣。

一九一二年夏，第九師張營長領兵二百餘人與宿遷警備營行軍至蕭縣貢山寨，賺開寨門，搶掠燒殺無數，之後呼嘯而去。是年八月，駐沭陽軍隊缺餉嘩變，搶掠四散。一九一三年初，駐鹽城之揚軍遣散，該軍大半曾棲身綠林，既散之後，士兵竟毫無約束，遂大肆搶掠。沙溝之厘捐局及三十餘家富戶被劫一空。駐阜寧之七十四團連長石崑山，凡拿獲劫案匪徒經人說項，送上賄金若干即可釋放。兵乎匪乎，真難以辨認矣！

蓋連年災荒，青壯男丁，或鋌而走險，入伙為匪，或當兵吃糧，以求續命。或時匪時兵，行如兩棲。故盜匪如毛，勢所必然，而招兵組隊，亦為易事。然財政支絀養兵頗難，練兵更無論矣。一九一二年八月，已有欠餉至三月之久者。常有軍士持槍彈軍衣至當鋪強當。以此類部隊治匪，或剿或撫，自皆難見成效。仲八之流悍匪，一年多來，降而復叛，叛後又降，多次反覆，視官兵軍營如自由來去之地，其原因蓋在於此。

一九一三年六月間，北京又調兵來江北，駐防淮陰。士兵強悍，器械精良，名為緝私，實皆正規陸軍，連同原緝私部隊，合計達二十個營之眾。統率部隊者為新任兩淮緝私統領宋某。傳聞此人為袁世凱之表弟。此次南下，顯為加強袁家之勢力。南方討袁之舉，已箭在弦上，干戈再起，為時當不遠矣。

一四、翹首企望、國族復興

武昌首義，淮陰光復已近兩年。當時歡欣若狂、萬民同慶，皆以為國族復興有望，情景如在目前。豈知今日又復處處愁雲，重重黑暗。真不知何年何日，吾中華古國強盛清明，億萬人民安居樂業也！

附記：㈠按「民立報」係于右任先生在上海所創辦，自一九一〇年十月十一日發行，於一九一三年九月四日停刊，本文係由作者通訊及電訊二九〇篇中，由象超摘編而成。

㈡本文曾在國史館館刊復刊第十二期刊載。